小中連携を意識した中学校英語の改善

渡邉時夫・髙梨庸雄・齋藤榮二・酒井英樹 著
Watanabe Tokio　Takanashi Tsuneo　Saito Eiji　Sakai Hideki

三省堂

はじめに

　外国語活動が導入されて3年目，新『中学校学習指導要領』が実施されてから2年目を迎えた。外国語活動は，ねらい通りに実践されているだろうか。また，中学校では，小学校で培われたコミュニケーション能力の素地を意識した，新たな英語教育の方向性が明確になっているだろうか。

　早期英語教育の必要性については，以前からさまざまな個人や団体から提唱されていたが，小学校への導入の構想は，2002年7月に当時の文部科学大臣の遠山敦子氏が発表した「英語が使える日本人の育成に関する戦略構想」によって具体化が始まったと言っていいだろう。「構想」のうち，これからの英語教育の支柱という視点から，特に重要と思われる項目をあげると次の通りである。

(1)　英語教員が備えておくべき英語力の目標を設定する。全国の中高すべての英語教員の質を高めるための研修を，5か年計画で集中的に実施する。

(2)　大学入試センター試験に，平成18年度(2006年度)からリスニングテストを導入する。

(3)　小学校段階から英語を導入することについて，次の『学習指導要領』改訂の議論に向けて，検討に着手する。

(4)　外国人教員(ALT)の活用を図る(現在の8,400人を11,500人に増員する)。

　十分とは言えない部分もあるが，我が国の英語教育は，上記の構想に沿って進んでいることがわかる。「構想」は，物，人，事が地球的な規模で日常的に交流し合うグローバル社会の中にあって，コミュニケーションの手段としての英語力の育成に，我が国は成功していない，という反省に立っていることがわかる。遠山敦子氏は「構想」を発表した折に，英語教育が望ましい成果が出せないでいる大きな要因として，子どもたちが英語に触れる機会が少ないことや，英語の授業の中ですら英語に触れることが少ない事実をあげている。

戦後70年近く，英語教員は次から次へと目まぐるしく紹介された外国語習得理論や教授技術を追い求めて努力を重ねてきた。しかし，機械的なドリル，英語の文型や構文の暗記，文法の説明，テキストの日本語訳などが，授業実践の主たる中身だったのではないだろうか。
　外国語活動で基本的な英語表現に親しんできた生徒を迎え，中学校では，Spoken English だけでなく Written English についても，インプットの量を飛躍的に増やすことによって，「英語が使える」中学生を育てていかなければならない。
　英語教育改革の前夜とも言えるこの時期を逃したら，我が国の英語教育の未来はない。このような発想から，全国の英語教員のお役に立ちたい一心から，長年の教育経験を集約し，本著を世に送ることにした。
　齋藤榮二，髙梨庸雄，渡邉時夫は，それぞれ関西英語教育学会，東北地区英語教育学会，中部地区英語教育学会の会長を歴任するとともに，小学校英語教育学会の会長も務めさせていただいた。酒井英樹は，中部地区英語教育学会の運営委員長や日本児童英語教育学会の紀要編集委員長を務めており，確かな言語習得理論に基づき，小中高の教育現場で自らモデル授業を実践するなど，英語教育の推進に努めている。また，4名とも中学校英語検定教科書の執筆に長年携わってきた。
　さて，本著によって，単に英語教育の小中連携だけに留まらず，「実際に英語が使える子どもたち」の育成のための英語教育を，わかりやすく実践に重点を置いて提案した。解説のみに終わることなく，現在使用されている中学校の英語教科書から本文や活動を取り上げ，その活用の仕方を具体的に提案した。
　本著では，「外国語活動導入の背景と目標の説明と，外国語活動の内容と指導法の説明」（第1章），「外国語活動担当教員と中学校教員・生徒の意識調査の結果分析」（第2章）により，まず，外国語活動の理解を深めることに努めた。次に，中学校英語教育を質的に高めるための手立てについて，従来の英語教育の反省点を明確にし，中学校入学当初の指導のあり方（外国語活動で培ったコミュニケーション能力の素地を生かした指導のあり方）を具体的に提示した（第

3章3-1〜3-5)。続いて，中学校英語教育改善の方向性を示唆するとともに，生徒が英語のインプットを多量に浴びるための方法(MERRIER Approach)と，英文を徹底して身につける方法(Intake Reading)を紹介した(第3章3-6, 3-7)。

　次に中学校英語検定教科書を使って，「文字，Listening, Speaking, Reading, Writing, コミュニケーション，文法，文化など」の指導法について，教科書を教えるのではなく，教科書で教えることを重視しながら，具体的な提案を行った(第4章)。

　本著がきっかけとなって，ますます多くの教員が教室で英語を日常的に使い，自らの考えや感情を英語で率直に伝え，英語を通して生徒と人間味あふれるコミュニケーションが展開される新たな英語教育の発展を強く期待している。

　また，本著をお読みいただいた多くの読者から，ご感想や改善点などをお聞かせいただけたら幸いである。

2013年8月
著者代表　渡邉時夫

もくじ

はじめに ……………………………………………………………… 2

第1章　外国語活動の概観 ——英語教育の小中連携のために
1-1　外国語活動導入の背景と目標について ………………… 10
1. 中学校英語教育の実態
2. 外国語活動導入の歴史
3. 外国語活動の目標

1-2　外国語活動における指導内容とその指導法 ………………… 16
1. 言語や文化について体験的に学ぶことについて
2. 積極的にコミュニケーションを図ろうとする態度の育成について
3. 外国語の音声や基本的な表現に慣れ親しませることについて
4. コミュニケーション能力の素地の育成について

第2章　外国語活動担当教員と中学校英語教員・生徒の意識調査
2-1　小学校6年生担任の意識調査 ………………………………… 22
1. はじめに
2. 調査結果と考察
3. おわりに

2-2　中学校英語教員・生徒の意識調査 ………………………… 29
1. 英語教員は小学校英語をどう見ているか
2. 「小学校英語活動」へのニーズについて
3. 小学校英語教育の効果について
4. 小学校英語活動での素地：小中教員のとらえ方
5. その他の項目への期待と不安
6. 中学生自身は英語教育をどう見ているか
7. 中学校1年生の「学力定着調査」
8. まとめ

第3章　中学校英語教育の質的向上のために

- 3-1　従来の英語教育の問題点の整理 ——英語教育を取り巻く状況 ‥ 36
- 3-2　従来の指導法の改善点について ………………………………… 38
  1. テキストの日本語訳が授業の主役になっている
  2. 日本語による英文法の説明
  3. 暗記一辺倒と過剰な機械的ドリル
- 3-3　英語教育の望ましい方向性について
  　　——Input を基本に据えて ………………………………………… 41
- 3-4　中学校入学当初の指導について
  　　——「望ましい」接続のために …………………………………… 43
  1. 外国語活動の経験を踏まえて
  2. 「場面」や「働き」をつなぐ
  3. 「活動」をつなぐ
  4. 「学び方」をつなぐ
- 3-5　中学校の「新しい」指導について ……………………………… 50
  1. 「当たり前をもう一度見直そう」——新出語句の指導
  2. 「当たり前をもう一度見直そう」——リーディングにおけるQ-A活動
- 3-6　生徒が浴びる Input を増やすための教員の英語使用について
  　　——MERRIER Approach の紹介 ………………………………… 54
  1. はじめに
  2. MERRIER Approach の紹介
- 3-7　Intake Reading のすすめ ………………………………………… 67
  1. はじめに
  2. 言葉の習得の2つの大きな教え方の流れ
  3. 中学生のおかす誤り
  4. Intake Reading はこうする
  5. Intake Reading は今までのやり方とどこが違うのか
  6. Intake Reading の具体的な進め方
  7. 学習の規律
  8. 脳の活動について
  9. 男女の座席の配置
  10. ショートテストの必要性
  11. ショートテストの具体案

12. 採点方法
13. まとめ
14. 力をつけるために心得ておきたいこと
15. おわりに

第4章　教科書を使っての具体的な指導
4-1　文字の指導 ………………………………………………… 88
　1. アルファベットの指導
　2. フォニックスの指導
4-2　Listening の指導 ………………………………………… 95
　1. 外国語活動における Listening Activities の概要について
　2. 中学校1年生入学直後の Listening の指導
　3. これまでの Listening 指導の問題点
　4. Listening に関し，教科書の編集を検証する
　5. 教員があらゆる機会に英語を使おうとする心構えを持つこと
　6. 教科書を教えるのではなく，教科書で教えるための工夫
　7. まとめ
4-3　Speaking の指導 ………………………………………… 112
　1. 『中学校学習指導要領』で求められている Speaking 活動
　2. Speaking に関する具体的な指導
4-4　Reading の指導 ………………………………………… 124
　1. Reading Readiness
　2. 『中学校学習指導要領』で求められている Reading 活動
　3. 異文化理解の視点から
　4. 生徒の将来のニーズに応える語彙指導のあり方
　5. Reading Strategies の検証
　6. Reading に関する具体的な指導
4-5　Writing の指導 ………………………………………… 143
　1. はじめに
　2. Writing の指導法について
　3. 問題点とその解決法について
　4. おわりに

4-6 コミュニケーションの指導 …………………………………………… 161
 1. 4技能の統合
 2. 4技能を統合的に活用することの指導
 3. 即興的なコミュニケーションにつながる指導
4-7 文法の指導 ……………………………………………………………… 169
 1. 外国語教育と文法指導との関係
 2. 「文法」の再定義
 3. 教科書に基づく文法指導例
 4. 文法の指導に関するQ&A
4-8 文化に対する理解を深めることについて ………………………… 178

第5章　中学校卒業時に期待される英語学力について

5-1 『中学校学習指導要領』の目標と実際の到達目標 ………………… 188
5-2 CAN-DO リストについて …………………………………………… 190
 1. 目標の明確化とCAN-DO リスト
 2. CAN-DO リスト作成の手順
 3. CAN-DO リストに入れるべき内容
 4. CAN-DO リストと評価
5-3 目標に達していない生徒たちを救うために
  ──Reading Recovery ……………………………………………… 196
 1. どこで落ちこぼれるか
 2. リテラシーの回復
 3. Reading Recovery の指導体制
 4. なぜ早期に治療するか

エピローグ　英語教育の小中連携に関する今後の課題と展望 ………… 200
執筆分担 ……………………………………………………………………… 205
プロフィール ………………………………………………………………… 206

装丁：志岐デザイン事務所（萩原　睦）

第1章

外国語活動の概観
——英語教育の小中連携のために

1-1　外国語活動導入の背景と目標について

1-2　外国語活動における指導内容とその指導法

1-1 外国語活動導入の背景と目標について

1. 中学校英語教育の実態

　1945年，日本が太平洋戦争に敗れ，多くの都市が廃墟と化したが，小学校に続く義務教育が3年間の新制中学校になったことは，国民に新たな夢を与えることとなった。中でも，戦争中「敵性語」とみなされ，「鬼畜米英！」と呼ばれていた国々の言語が，義務教育の科目に「外国語（英語）」として取り入れられたことは画期的なことであった。

　「戦争が終わった」，「これからは空襲がなくなる」，「日本は"民主国家"になるのだ」という喜びと期待が，教育制度の改革を待たずに一人歩きを始め，1945年9月15日に発行された『日米会話手帳』がわずか32ページの小冊子であったにもかかわらず，360万部もの大ベストセラーになった。

　しかし，新制中学校で始まった英語教育は，上記の戦争で多くの有為の若者が戦死したため，教員不足が当面の大きな問題で，教員の質は二の次にならざるを得なかった。しかし，戦前からの「中学校教授要目」に代わって，戦後，初めて『学習指導要領』(The Course of Study) が作成された。1947年の試案を経て，1951年版は759ページに達する大冊で，日本語版・英語版の分冊となっており，動詞の型，発音・抑揚・連音など，教科書採択基準を含むもので，当時の英語教育関係者の熱意を感じることができる。『学習指導要領』は，戦後1947年の試案から2008年版までを含めると，延べ8回の改訂がなされた。その間，英語教員の養成も進み，教材は，最初は文部省著作の *Let's Learn English* であったが，やがて文部省の検定に合格したものが採用されるようになり，複数の教科書から選ばれて採択されるようになった。

　英語の指導法は，戦後間もなくの頃は，教員のほとんどが戦前の英語教育を受けた人ばかりであったので，指導法が文法訳読式であったのはやむを得ない。しかし，やがて英語教育に関連する行動心理学や構造言語学等の学問領域の発達により，ALM (Audio-Lingual Method) が導入され，パタン・プラクティス（文型練習）やオーラル・メソッドという呼称で，中学校段階で全国的に広まった。基本的には反復練習中心の指導法であり，

文型練習や英語発音の模倣・暗唱が行われたが，英語運用能力自体はあまり伸びたとは言えなかった。そのため，1969年に改訂された『学習指導要領』において，ALMに基づく学習活動だけでは不十分だから，授業の中に「言語活動」を取り入れなければならないことになったが，表面的な擬似コミュニケーションに終わっている授業が多かった。1989年版の改訂では「コミュニケーション」がキーワードになり，高等学校には「オーラル・コミュニケーションA, B, C」が設けられたが，その授業時間に文法の問題集が用いられたりしたため，俗に「オラコンG」と称されるに至った。1998年版の『学習指導要領』では「実践的コミュニケーション」が求められ，「言語の使用場面」や「言語の働き」も加えられたが，期待されたような英語力を育てるまでには至らず，2008年の改訂においては「実践的」という文言が消えてしまった。その背景には，『学習指導要領』のキーワードを変えただけでは効果は上がらず，コミュニケーションは本来，実践的なものであるという理念の反映とも考えられる。さらに，2010年版の『高等学校学習指導要領』の改訂では，主たる科目名が「コミュニケーション」で統一され，「コミュニケーション英語基礎」，「コミュニケーション英語Ⅰ・Ⅱ・Ⅲ」の4科目となった。そのうち，「コミュニケーション英語Ⅰ」はすべての生徒に履修させる科目となり，従来の科目構成を変更し，4技能の総合的な育成を図るコミュニケーション科目，「話すこと」及び「書くこと」に関する技能を中心に論理的に表現する能力の育成を図る「英語表現」，会話する能力の向上を図る「英語会話」を創設した。

　その後，認知主義心理学の影響もあって，英語教育研究は，「注意」，「知覚」，「理解」，「記憶」，「学習」等の認知領域にシフトし，個々の認知項目に焦点を当てた研究が多数発表されたが，教育実践面では目立つほどの成果は見られず，生徒の英語運用力の向上には大きな変化は見られない。中学校だけでなく，高校，大学も含めて英語教育は深刻な問題を抱えている。抜本的な改革をしなければ国際競争で勝てないという高い到達点に指導の目標を置く考え方と，多文化・多言語社会に生きる人材の育成に配慮し，accuracy（正確さ）よりはfluency（英語の表出）を重視すべきだとする考え方がある。英語を通して社会のいろいろな面に参加することのできる日本人を，多数育成する必要性に共感する人が増えつつあるのが現状であろう。そのためには，小学校5年から大学卒業までの12年間に，語学力の遅れを回復させる機会を校種ごとに十分与えるべきである。

2. 外国語活動導入の歴史

　2008年3月28日に『改訂小学校学習指導要領』が公示され，小学校5，6年生が，年間35時間の「外国語活動」という必修の授業を受けることになった。2009年4月1日から移行措置として内容を前倒しして実施できることになり，2011年4月1日から全面実施されている。そのための教材として，最初，『英語ノート』(文部科学省)が用いられ，2012年度から *Hi, friends!* (文部科学省)が用いられている。公立小学校の大半はそれを用いているが，私立学校の中には独自の教材を用いている所も少なくない。英語学習の開始時期においても，5，6年生より下の学年で始めている公立小学校の数は多くはないが，私立小学校では低・中学年から始めているケースが一般的となっている。本書を有効に活用していただくために，「なぜ，小学校に外国語を導入することになったか」，その背景について理解しておくことは大変重要なことである。導入に至るまでの経過を，文部科学省の関連する会議の中から主なものを要約して時系列に並べてみよう。

○ 1986年4月，臨時教育審議会「教育改革に関する第二次答申」
　　「今後，各学校段階における英語教育の目的の明確化を図り，学習者の多様な能力・進路に適応するように教育内容等を見直すとともに，英語教育の開始時期についても検討を進める。」(第3部第1章(3))
○ 1996年7月，「第15期中央教育審議会第一次答申」
　　「小学校における外国語教育については，教科として一律に実施する方法は採らないが，国際理解教育の一環として，＜総合的な学習の時間＞を活用したり，特別活動などの時間において，地域や学校の実態等に応じて，子どもたちに外国語，例えば英会話等に触れる機会や，外国の生活・文化などに慣れ親しむ機会を持たせることができるようにすることが適当であると考えた。(その際は，)ネイティブ・スピーカーや地域における海外生活経験者などの活用を図ることが望まれる。」
○ 1998年に改訂された『小学校学習指導要領』(「総合的な学習の時間」の新設)
　　「国際理解に関する学習の一環としての外国語会話等を行うときは，学校の実態等に応じ，児童が外国語に触れたり，外国の生活や文化などに慣れ親しんだりするなど，小学校段階にふさわしい体験的な学習が行われるようにすること。」

第1章　外国語活動の概観——英語教育の小中連携のために

○2002年7月，「＜英語が使える日本人＞の育成のための戦略構想」
　この構想の中で，「小学校の英語教育に関する研究協力者会議が組織され，3年間を目処に，小学校の英会話活動の実情把握及び分析を行って，次の『学習指導要領』の改訂に向けて問題点を整理することになった。その結果，小学校英語活動実施調査が行われ，全国の小学校の約88％が2003年度には何らかの形で英語活動を実施しており，2007年度には約97％に達していることがわかった。

○2006年3月，中央教育審議会初等中等教育分科会教育課程部会外国語専門部会「小学校における英語教育について」
　「小学校における英語活動の実施時間数が，平均で13.7単位時間（第6学年の場合）である現状を踏まえつつ，教育内容としての一定のまとまりを確保する必要性を考慮すると，外国語専門部会としては，例えば，年間35単位時間（平均週1回程度）について，共通の教育内容を設定することを検討する必要があると考える。」

○2008年1月，中央教育審議会「幼稚園，小学校，中学校，高等学校及び特別支援学校の学習指導要領等の改善について（答申）」
　「（小学校段階の外国語活動については，）小学校段階にふさわしい国際理解やコミュニケーションなどの活動を通じて，コミュニケーションへの積極的な態度を育成するとともに，言葉への自覚を促し，幅広い言語に関する能力や国際感覚の基盤を培うことを目的とする外国語活動については…（中略）…総合的な学習の時間とは趣旨・性格が異なることから，総合的な学習の時間とは別に，高学年において一定の授業時数（年間35時間，週1時間相当）を確保することが適当である。」

以上のような経緯のもとに小学校外国語活動が新設されたわけであるが，その趣旨を簡単に整理しておこう。

○従来，「あいさつ」，「自己紹介」などは中学校で行われてきたが，むしろ，小学校の段階での活動になじむものであり，外国語に触れたり体験したりする機会は，小学校の段階のほうがより適している。
○外国語活動を義務教育として小学校で行う場合には，教育の機会均等の確保や中学校との円滑な接続等の観点から，国として各学校において共通に指導する内容を示すことが必要である。

○外国語活動においては，中学校における外国語科では英語を履修することが原則とされているのと同様，小学校でも英語を取り扱うことを原則とすることが適当である。
○小学校で英語を教えている諸外国と異なる点は，「(日本の外国語活動では) 数値による評価にはなじまないものと考える」ことと「教科と位置づけない」ことであるが，これらは教育学的な配慮というよりは，まだ教科になっていないために，担当教員の養成カリキュラムも制度化されていないことに配慮した，行政の対応策と考えるほうがわかりやすい。

3. 外国語活動の目標

小学校の外国語活動の概括目標は次のようになっている。

> 外国語を通じて，言語や文化について体験的に理解を深め，積極的にコミュニケーションを図ろうとする態度の育成を図り，外国語の音声や基本的な表現に慣れ親しませながら，コミュニケーション能力の素地を養う。

これを分析的に見れば，上記目標は次の3つの柱から成り立っている。
① 外国語を通じて，言語や文化について体験的に理解を深める。
② 外国語を通じて，積極的にコミュニケーションを図ろうとする態度の育成を図る。
③ 外国語を通じて，外国語の音声や基本的な表現に慣れ親しませる。

さらに外国語活動の目標については，次のような視点を中心にして考えられた。
・外国語活動の目標をコミュニケーション能力の素地を養うこととし，中学校との連携を図った。
・外国語を用いて，積極的にコミュニケーションを図ろうとする態度の育成に重点を置いた。
・学年ごとに示すのではなく，より弾力的な指導ができるよう，2学年間を通した目標にした。

また，内容については，外国語を用いて積極的にコミュニケーションを図る態度の育成に関するものと，日本と外国の言語や文化について体験的に理解を深めるための内容との2つとした。目標にある「外国語の音声や基本的な表現に慣れ親しませ」ることは，日本と外国の言語や文化につい

て，体験的に理解を深めさせる内容の中に含められている。

　最後に，外国語活動における「指導計画の作成と内容の取り扱い」に関して，学年ごとの目標については，各学校において児童や地域の実態に応じて適切に定めることとした。また，言語や文化については体験的な理解を図ることとし，指導内容が必要以上に細部にわたったり形式的になったりしないようにすることとした。さらに，指導計画の作成や授業の実施に当たっては，学級担任または外国語活動担当教員が行うこと，道徳の時間などとの関連を考慮しながら指導することとした。

◆引用・参考文献◆
高梨庸雄（2002）「戦後半世紀における学習指導要領から見た英語教育論」『応用英語研究論集』昭和堂
高梨庸雄・高橋正夫（2011）『新・英語教育学概論』［改訂版］金星堂
文部科学省（2008）『小学校学習指導要領解説　外国語活動編』東洋館出版社
文部科学省（2008）『中学校学習指導要領解説　外国語編』開隆堂出版
文部科学省（2009）『高等学校学習指導要領解説　外国語編・英語編』開隆堂出版

1-2　外国語活動における指導内容とその指導法

1. 言語や文化について体験的に学ぶことについて

　言語間や文化間の類似点や相違点について,「活動を通して」気づかせていくことが求められている。つまり,知識を教え込むのではなく,体験的に理解させることが重要とされている。例えば,日本語,英語,中国語,韓国語で「じゃんけん」をすることによって,「じゃんけん」はさまざまな言葉で行われるんだなと思ったり,「グー,チョキ,パー」の順番が違うことに気づいたりすることが,「体験的に」理解するということになる。

　扱える言語や文化の内容についても,小学校と中学校で異なる点がある。言語について言えば,主たる目標の中で,外国語の音声や基本的な表現に慣れ親しませることがあげられているため,音声に関する気づきが外国語活動では中心となる。『小学校学習指導要領解説　外国語活動編』(文部科学省,2008)によれば,「外国語の音声やリズムなどに慣れ親しむとともに,日本語との違いを知り,言葉の面白さや豊かさに気付くこと」(外国語活動で扱う内容の一つ)について,日本語と英語の音声の違いとして,リズム(例：ミルクと milk),イントネーション,日本語にない音(例：[æ]や[θ])などがあげられている。また,中学校英語の場合とは異なり,言語材料(例：音声,文字及び符号,語,連語及び慣用表現,文法事項)が明示されていないことに留意されたい。

　扱える文化についても相違点がある。中学校英語では,題材としては「英語を使用している人々を中心とする世界の人々及び日本人の日常生活,風俗習慣,物語,地理,歴史,伝統文化や自然科学などに関するものの中から,生徒の発達の段階及び興味・関心に即して適切な題材を変化をもたせて取り上げる」(文部科学省,2008,pp.50-51)ことができるが,指導し評価する対象としては,言語活動を行う上で必要な文化的な知識・理解であるとされている。国立教育政策研究所(2011)は,「一般常識的な知識や百科事典のような内容ではなく,技能の運用で求められる,言語の背景にある文化に限って評価する。すなわち,理解をしていないとコミュニケーションに支障をきたすような文化的背景を評価の対象とする」と述べており,社会科とは異なり,中学校英語で扱う内容としては,コミュニケーショ

ンにとって重要な役割をする文化的背景に限るとされている。一方，外国語活動で扱う文化の内容は，「日本と外国との生活，習慣，行事などの違いを知り，多様なものの見方や考え方があることに気付くこと」(文部科学省，2008)とされており，比較的多種多様な文化的な内容を取り上げることができる。

2. 積極的にコミュニケーションを図ろうとする態度の育成について

　積極的にコミュニケーションを図ろうとする態度を育成することは，外国語活動，中学校外国語科，高等学校外国語科の目標の中で共通に述べられている事項である。発達段階に応じて，どのような態度が求められているのかを理解する必要がある。

　外国語活動では，「コミュニケーションを図ろうとする態度」として，積極的に英語で話しかけたり，積極的に英語を聞こうという姿としてとらえられる。例えば，「買い物」という活動の中で，次のようなやり取りを行うとする。

　　　　店員役：Hello. May I help you?
　　　　客　役：I want a yellow hat.
　　　　店員役：Here you are.
　　　　客　役：Thank you. See you.
　　　　店員役：See you.

　店員役について言えば，大きな声であいさつしようとしたり，客が欲しいものを言おうとしたりしているかどうか，アイコンタクトを用いてやり取りをしようとしているかといった「積極的に話そうとする」態度や，客役が I want a yellow hat. と言ったときにどのように対応したかという店員役の「積極的に聞こうする」態度などが重視される。具体的には，yellow や hat という単語を何回か口にしながら品物を手に取っていたり，Hat? と相手に確認したり，聞き取れずに「わからない」という表情で One more time, please. と言って客役に繰り返してもらったりしている姿などに注目して指導することになる。これらは相手の言うことを理解し，応答しようとしている姿である。友達や教員，あるいは音声教材の英語などをしっかり聞こうとしている姿も，積極的にコミュニケーションを図ろうとする態度としてとらえられる。

　積極的な態度として指導されることの多い内容として，アイコンタクト，

ジェスチャー，大きな声などがあげられる。これらは，相手に伝えようという気持ちの表れとして考えられる。また，インタビュー活動などでは，自分から声をかけたか，仲のよい級友だけでなくいろいろな人と話せたか，男女区別なく話せたか，という点が指導されたり評価されたりする。これらの姿は，他者と関わろうとする意欲の表れとみなされる。

　一方，中学校英語では，聞いたり話したりすることだけでなく，読んだり書いたりすることにおいても，コミュニケーションを積極的に図ろうとする態度を育成しようとする。また，コミュニケーションを図ろうとする態度を，「言語活動への取り組み」（例：意欲的に話そうとしているか）と「コミュニケーションの継続」（例：わからない単語があっても，辞書を活用しながら読もうとしているか）の点からとらえようとする。外国語活動で扱われるアイコンタクト，ジェスチャー，大きな声の使用，また，他者と関わろうとする姿は，話すことについての「言語活動への取り組み」としてとらえられよう。

3. 外国語の音声や基本的な表現に慣れ親しませることについて

　外国語の音声や基本的な表現に慣れ親しんでいる状態とは，英語を聞いていても児童は違和感を持つことなく活動に取り組んでいる状態であると言える。英語が途切れて日本語が使われると，「今は外国語活動の時間なのに，どうして日本語が使われるんだろうか」と児童が疑問に感じるのであれば，児童は英語に十分慣れ親しんでいると言えよう。

　外国語活動の授業では，児童に英語を「学ぶ対象として」触れさせるのではなく，「コミュニケーションの道具として」触れさせている。つまり，英語によるコミュニケーションを多く体験させている。「学ぶ対象として」英語を扱う例として，次のような場面があげられよう。立っている絵，座っている絵，窓を開けている絵などの絵カードを用意する。Look at this picture.（立っている絵を見せて）Stand up. Stand up. などと言う。(この後，多くの場合，Repeat after me. と言って発音練習が続く。) What's the next card?（座っている絵を見せて）Sit down. Sit down. などと言う。この例では，英語表現を教えようとする意図が明らかである。外国語活動では，むしろ，ゲームの中で実際に立って活動をしてもらいたいという意図で，Stand up. Let's start. と指示したり，It's very hot. *A-kun*, open the window, please. とお願いをしたりして，英語を「コミュニケー

ションの道具として」児童に触れさせている。

　中学校英語でも，生徒に英語によるコミュニケーションを多く行わせることが求められている。いわゆる「言語活動の充実」が求められている。さらに，『高等学校学習指導要領』では，「生徒が英語に触れる機会を充実するとともに，授業を実際のコミュニケーションの場面とするため，授業は英語で行うことを基本とする」(文部科学省，2009，p.43)と明記された。外国語活動では，音声を中心としたコミュニケーションが行われるが，英語によるコミュニケーション(言語活動)を充実させるという方向性は，中学校や高等学校と変わらないと言えよう。

4. コミュニケーション能力の素地の育成について

　外国語活動では，「コミュニケーション能力の素地を養う」こととされている。中学校では「コミュニケーション能力の基礎を養う」，高等学校では「コミュニケーション能力を養う」とされている。

　コミュニケーション能力の素地とは，「コミュニケーションにおける機能(functions，「働き」ともいう)を理解したり，その機能を(言葉によらなくても)果たしたりすることができる力や，これらの機能を積極的に果たそうとする態度」と考えることができる。『小学校学習指導要領』の中では，(1)相手との関係を円滑にする，(2)気持ちを伝える，(3)事実を伝える，(4)考えや意図を伝える，(5)相手の行動を促す，という5つの働きがあげられている。これらの機能を行使する能力の育成が目標とされている。例えば，What color do you like? と尋ねられたとき，ある児童は I like purple. と文を表出して自分の気持ちを伝えるかもしれないし，ある児童は Purple. と単語だけで表現するかもしれない。別の児童は，紫色のカードを指差すことによって，I like purple. という気持ちを伝えるかもしれない。いずれにしても，これらの児童は，黙っていたり質問者から逃げてしまったりせずに，「自分の気持ちを伝える」(上記(2)の働き)というコミュニケーションの機能を積極的に果たそうとしている点に留意したい。また，教員の英語での発話をうなずきながら聞いている児童は，頭を動かすことによって「理解しています」という事実を伝えたり(上記(3)の働き)，「楽しい話だなあ」という気持ちを伝えたり(上記(2)の働き)，「もっと聞きたい」という意図を伝えたりする(上記(4)の働き)。児童のうなずきによって，教員は気持ちよく話をすることができる。うなずきによって

相手との関係を円滑にしていると言える（上記(1)の働き）。さらに，うなずくことによって，「話をどんどん続けていいよ」と教員の行動を促している（上記(5)の働き）。これらコミュニケーション能力を外国語活動で育成することになる。

　外国語活動では，言葉によらないコミュニケーションを行う力をつけることも重要とされるが，中学校では，外国語を使用してコミュニケーションする力の育成が求められている。そして，より複雑な文を使って，表現したり理解したりする力を学んでいくことになる。『中学校学習指導要領』では，「コミュニケーションの働き」ではなく，「言語の働き」として，上記の5つの働きについて，それぞれ詳細な例が示されている。つまり，小学校において，道を聞かれたら「手を引いて道案内をする」というコミュニケーションをとることができる児童が，中学校では，Walk about five minutes, and you'll get to the station. や Turn left at that corner. といった「英語表現を使って道案内をする」というコミュニケーション能力の基礎の育成が期待されている。

　これまで述べてきたことを端的にまとめると，外国語活動における「コミュニケーション能力の素地」とは，将来，言語によるコミュニケーション能力を育成していくときに土台となるコミュニケーションの力と考えられる。

◆引用・参考文献◆
文部科学省（2008）『小学校学習指導要領解説　外国語活動編』東洋館出版社
文部科学省（2008）『中学校学習指導要領解説　外国語編』開隆堂出版
文部科学省（2009）『高等学校学習指導要領解説　外国語編・英語編』開隆堂出版
国立教育政策研究所（2011）『評価規準の作成,評価方法等の工夫改善のための参考資料
　　【中学校　外国語】』教育出版

//p # 第2章

外国語活動担当教員と中学校英語教員・生徒の意識調査

2-1　小学校6年生担任の意識調査

2-2　中学校英語教員・生徒の意識調査

2-1　小学校6年生担任の意識調査

1. はじめに

　小学校の外国語活動は，必修化されて1年を経た2012年3月に，実際に指導にあたった長野県内の小学校6年生担任の教員を対象に，外国語活動の成果や課題について実態を把握するため，アンケート調査を実施した。その一部を紹介しながら，目標である「コミュニケーション能力の素地」の育成の実態について考えてみたいと思う。

> 〜長野県における小学校6年生担任の意識調査〜
> ○アンケートの対象：長野県は東信，北信，中信，南信の4地区に分かれている。このうち，東信と北信（全小学校の約半数に当たる190校）の3分の1（65校）を無作為で選び，選ばれた各校の6年生の担任の中から無作為に1人ずつを抽出した。
> ○回収率：91%（65名中60名が回答）
> ○調査方法：多肢選択と自由記述の質問に回答を依頼。すべて郵送による方法をとった。

2. 調査結果と考察

(1) 英語を聞き，話す力について

　外国語活動では「基本的な英語」に慣れ親しむことになっている。授業担当教員は，それぞれ，この点に関して日常的に努力を重ねている。その成果について，彼らはどのように評価しているのだろうか。

　まず，子どもたちの「英語を聞いたり，話したりする」実態について，担当教員による評価を見てみよう。

　下記に英語に関する3つの質問と，その回答の結果をグラフで示す。

> ＜質問1＞　英語を聞いて理解する力は相当ついたと思うか。
> ＜質問2＞　英語らしい発音が身についてきたか。
> ＜質問3＞　半数以上の子どもたちは英語を使って自己表現できるか。

第2章　外国語活動担当教員と中学校英語教員・生徒の意識調査

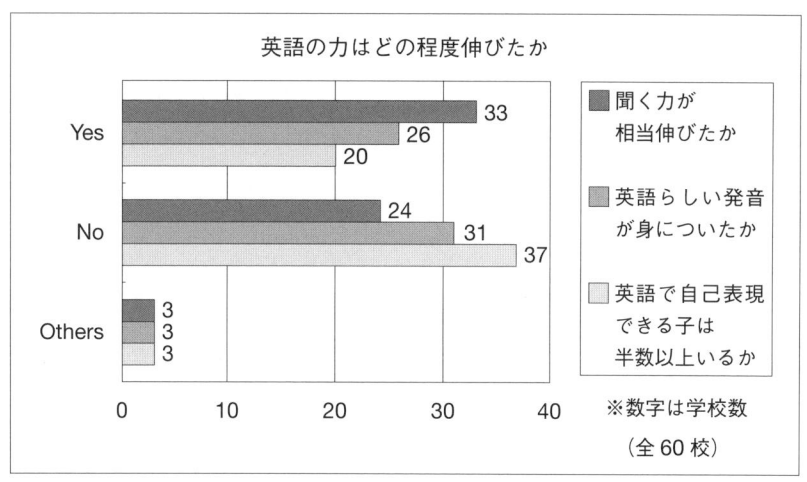

＜質問1について＞
　「英語を聞いて理解する力」の育成は，外国語活動のいわば中心的な課題と考えてよいと思われる。Yes の評価は 33 校（55％）であった。「相当伸びた」という表現をややきつく受け止めた教員も少なくなかったかもしれない。このことを勘案すると，「聞く力が伸びた」という意識を持っている教員が多いと言えよう。反面，No と評価した教員は全体の 40％（24 校）を占めていることも気にかかる。指導に当たる教員が英語を話す機会が少ないとか，単に，What sports do you like?（I like baseball.）などの基本文を繰り返しているような授業内容が多いとか，ALT（Assistant Language Teacher）との T-T（Team Teaching）の授業が少ないといった事情がこの背景にあるかもしれない。この点については，さらに後述したいと思う。
＜質問2について＞
　「英語らしい発音は身についたか」の評価については，No の 31 校（52％）が Yes の 26 校（43％）を上回っている。個々の音について音声学的な視点から発音指導するのは，中学校英語の領域に属することである。ただし，英語らしい英語に日頃触れていると，子どもは次第に，そして自然に英語の発音を身につけていくものである。「音声に敏感である」ことを大きな理由の1つとして英語を小学校に導入した経緯を考えると，日常の授業の中で触れる英語の量と質に問題があるのかも知れない。

23

＜質問 3 について＞
My name is Fujii Ichiro. I like sports. I like baseball very much. My birthday is June 30. この程度の既習の英語を想定して「学習した英語を使って自己表現できる子どもの割合」を尋ねた。クラスの中で半数以上の子どもがこのような自己表現ができる，という回答をいただいた教員は 20 校（33％）で，全体の 3 分の 1 だった。残りの 3 分の 2 に当たる 37 校（62％）の教員によると，そのような自己表現のできる子どもはクラスの半数に満たない（あるいは一部に過ぎない）という評価であった。

(2) 積極的な態度の育成について

「積極的な態度の育成」は，外国語活動の主たる目標の一つである。実は，「積極的な態度」の定義は抽象的であり，積極性の程度についても明確ではない。その問題点はひとまず置いて，回答者の反応を見てみよう。

次の 4 つの中から 1 つを選択していただいた。その結果は下の円グラフの通りである。

① 大多数の子どもが身につけた	② 身につけた子どもは半数位
③ 身につけた子どもは一部のみ	④ 身についたかどうか疑問

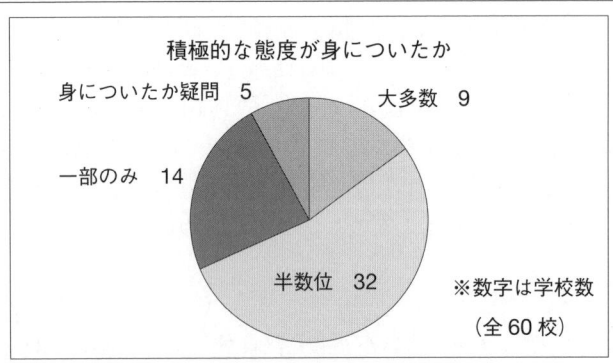

「大多数の子どもが身につけた」と答えた教員は，60 校中 9 校（15％）に過ぎなかった。そして，「半数程度か一部のみ」と評価している教員は，60 校中 46 校（77％）に及んでいる。

「積極性を修得した子ども」は，クラスの中で「半数以上いる」という意識を持った教員がもっともっと増えてほしいものである。

小学校の段階では，先生や仲間からの問いかけに対して，Yes / No, あるいは one word or one phrase ではっきり応対したり，逆に相手に対して聞きたいことをジェスチャーや絵などの実物を援用して，答えを引き出す工夫のできる子どもを育てたい。大声を上げて，ただゲームを楽しんでいるだけの子どもが，積極性があるとは言えない。

(3) 素地の育成について

　次に，総合的な評価として，『小学校学習指導要領』で示された「コミュニケーション能力の素地」について回答を求めた。「コミュニケーション能力の素地」については，聞いたり，話したりする英語力や積極的な態度だけでなく，文化や言葉についての理解も含める必要がある。しかし，今回は，後者については，評価の難しさもあり，特定して調べることをせず，総合的に考えて「コミュニケーション能力の素地」が育成できたかどうかの回答をお願いした。その結果は，次のグラフで示す通りである。

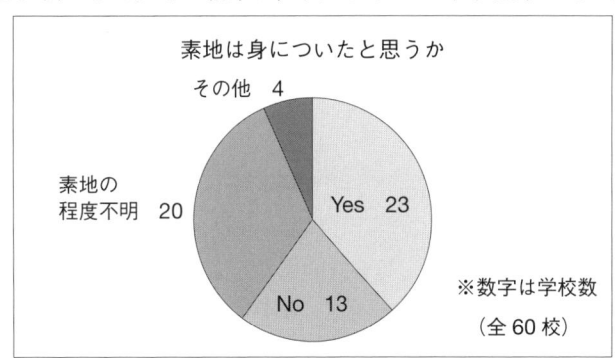

「身についたと思う (Yes)」という回答は，60校中23校 (38%) に過ぎなかった。注目すべきは，「どの程度の成果があればコミュニケーションの素地を築いたことになるのか」という選択肢を選んだ教員が3分の1 (20校) を占めている点である。「素地を築いたとは思えない (No)」と回答した教員を含めると33校 (55%) に上っている。目標が定かではない，ということは教育上深刻な問題だ，と言わざるを得ない。

　「何をどの程度教えるべきか」明確な答えもないまま，小学校教員は日夜悩んでいる事実を社会全体に訴えたいと思う。大多数の外国語活動担当教員は，英語を使う力もなく，しかも，英語運用力を高めたい欲求はあっても，政府や教育委員会が研修の機会を与えていない環境の中で，悪戦苦闘

を強いられている。一刻も早く，現職教員の研修の機会を提供するとともに，外国語活動を教科として位置づけ，それに見合うように教員養成制度を改正するよう強く求めたい。

(4) ALT の配置状況について

　回答のあった59校を，T-T の授業時数に応じて，6つのグループに分け，次のようにグラフで表示してみた。

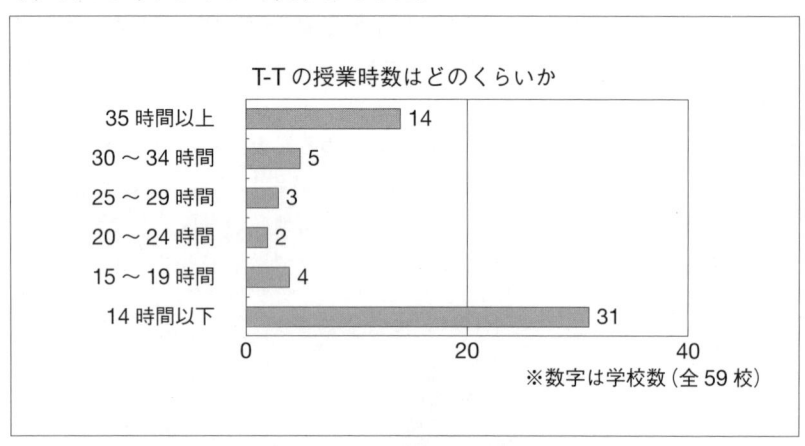

　すべての授業を T-T で行っている学校が全体の4分の1の14校(24％)ある一方で，月に1回程度の学校が半数以上の31校(53％)に上っている。月に1回程度の学校では，主に2つの困難に直面していることになる。一つは，ALT とチームワークを組んで，体系的な教育の取り組みをしにくい点である。もう一つは，ALT がいくつかの小学校を掛け持ちしている場合が多いため，ALT が子どもたちと親しくなれないという点である。授業と授業の間隔が空くために，前回の復習に多くの時間を割き，前回の繰り返しで終わってしまう，という不満を持つ担当教員も少なくない。

(5) T-T の授業時数が少ない学校は，どのような学校か

　T-T の授業時数の多少は，市町村の事情に起因していると考えられる。学校が1つしかない郡部では，毎回 T-T が実施されている。一方，長野市や上田市のような都市部では T-T の授業時数が少ない傾向にある。これらの市では，T-T は，年間10時間以内が普通となっている。これらの都市部には，学校が多く，影響を受ける子どもたちの数は相当なものである。

「教育の機会均等」の原則を考えると，大問題と言わざるを得ない。他県の実態についても調査する必要があるだろう。

(6) T-T の授業時数の多少とその影響について
　T-T の授業時数の多少は，教育の効果にどのような影響があるのか，注意深く検討する必要がある。T-T を 30 時間以上実施している学校と 30 時間以下の学校との 2 つのグループに分け，次の視点から分析を試みた。

> ①　英語らしい発音が身についたと思うか
> ②　学習した英語を使って自己表現ができるようになったと思うか
> ③　コミュニケーションの素地がついたと思うか

　①～③のいずれの観点から見ても，T-T の授業時数の多少が，教員の意識の中で教育効果の差と結びついていることが顕著に現れていた。例えば，①「英語らしい発音が身についたと思うか」について言えば，T-T の授業を 30 時間以上実施している学校の 67％が「身についた」としているが，30 時間以下のグループの場合は，「身についた」と評価している学校は 38％に過ぎない。②と③についても同様の傾向が認められた。当然ながら，ALT の質によっても効果は左右される。しかし，T-T の授業の多いほうが成果が上がる可能性が高いことは否めない。

3. おわりに

　「今後，外国語活動を改善するための提案など，ご自由にお書き下さい」という欄に書かれた記述では，ALT を増やしてほしい，英語力に優れた教員が指導者となるべきだ，カリキュラム上の位置づけなど，さまざまな提案があったが，ALT の増員を求める意見が特別に多かった。自分の英語力では無理で，確かな英語力を持つ人が外国語活動を担当する制度にすべきだ，という悲痛な叫びにも似たコメントも少なくなかった。
　外国語活動は教科の一つではないので，点数による評価はしないことになっている。『学習指導要領』の目標及び具体的な活動等に沿って，あらかじめ学校の設置者（市町村教育委員会など）が設定した評価の観点に基づいて評価をし，その内容を文章で記述することになっている。
　国としての「評価の観点」と「評価の観点の考え方」については，次の通りである（国立教育政策研究所，2011）。

評価の観点：
　○コミュニケーションへの関心・意欲・態度
　○外国語への慣れ親しみ
　○言語や文化に関する気付き
評価の観点の考え方：
　　評価の観点を設定する際には，2010年5月の初等中等教育局長通知「小学校，中学校，高等学校及び特別支援学校等における児童生徒の学習評価及び指導要録の改善等について」において例示された外国語活動の評価の観点を参考に，『学習指導要領』に示された外国語活動の目標を踏まえることが大切である。また，各学校が，各学校の実態に応じて指導内容や活動を設定することから，『学習指導要領』に示された目標等を踏まえて各学校において観点を追加することができる。
　　なお，外国語活動の記録に当たっては，設定された観点に照らして，児童の学習状況に顕著な事項がある場合にその特徴を記入する等，児童にどのような力がついたかを文章で記述する。

　評価者である小学校の教員の中には，自分のつけた評価が中学校の教員など他者に正しく理解してもらえるかどうか，疑問を抱いている者も少なくない。
　中学校の英語教員は，外国語活動で培った「素地」をベースにして，生徒のコミュニケーション能力の基礎を育成することになっている。小中の関係者は情報交換や研究会を重ね，英語教育改革のために協力し合うことが求められている。
　今回紹介した長野県の事例を参考に，各地域の実態を明確にし，改善すべき点を明確にしつつ，実効のある英語教育推進のために工夫と努力を続けたいものである。

◆引用・参考文献◆
国立教育政策研究所（2011）『評価規準の作成，評価方法等の工夫改善のための参考資料【中学校　外国語】』教育出版

2-2　中学校英語教員・生徒の意識調査

　平成 25 年度の中学校新 1 年生は，すでに 70 時間の「外国語活動」を経験していることになる。迎える中学校側は，その新 1 年生に対してどのような意識を持っているのであろうか。このセクションの内容は，主として Benesse®教育研究開発センターによる調査並びに長沼・小泉（2009）の調査のお世話になったが，その他の機関や個人名については，その都度，関連するセクションに記した。なお，お断りしておくが，この調査は「外国語活動」になる直前の「英語活動」と呼ばれていたときのものなので，下記の文章中の用語にもそれが反映している。

1．英語教員は小学校英語をどう見ているか
　平成 10 年度の『小学校学習指導要領』の改訂により「総合的な学習の時間」が設けられ，「英語活動」と呼ばれていた頃，中学校英語教員で「小学校の英語教育（活動）について知っている」に「当てはまる（とても＋まあ，以下同じ）」と回答したのは 48.5％と半分に満たない。また，小学校の英語活動担当教員と中学校英語担当教員とが一緒に集まる機会も 28.6％と 3 割に満たない。しかも，「中学校での英語の授業の導入や授業のやり方を小学校に合わせて変えている」と答えた教員の割合は 13.5％に過ぎない（福本，2012）。「外国語活動」として必修化されたとき 5 年生だった児童が，新カリキュラムによる中学校 1 年生として中学に入ってくる平成 25 年度までに，これらの割合がもっと高まっていることを期待したい（サンプル数：3,643）。

2．「小学校英語活動」へのニーズについて
　長沼・小泉（2009）の調査によれば（小学校教員 1,138 名；中学校教員 474 名），「小学校英語活動」へのニーズについて，英語活動を経験した小学校教員に尋ねたところ，「ゲーム活動」，「簡単な会話」，「英語の歌」の比率が圧倒的に高かったが（項目順に 92.2％，60.5％，53.5％），新 1 年生を受け入れる側の中学校教員の方は，それらの項目へのニーズは低かった（22.9％，56.8％，23.7％）。さらに，小学校英語活動への研修を行ってい

ない教員は，アルファベットの発音や識別への指導の必要性を感じている比率が高い（57.0％，55.7％）が，研修を経験した教員は，その必要性をそれほど感じていない（40.7％，39.0％）ことがわかる。なお，この調査は，小学校教員には25項目，中学校教員には16項目について尋ねたが，小中教員の意識の差を探るため，両方に共通項目を入れ，選択肢に対する小中教員を比較することができるようになっている。

3．小学校英語教育の効果について

中学校の英語教員が，小学校における英語教育（活動）についてどのように考えているかを尋ねた項目に対して，肯定する比率が最も高かったのは「英語を聞くことに慣れる」（79.3％）で，約8割の教員が評価している（福本，2012）。

長野県内の調査（35名）においても類似の傾向が見られ，「聞いて理解する力」については93％（①「はるかによくなっている」41％，②「多少よくなっている」52％）の中学校教員が肯定的な期待をしている。また，「既習の単語数が増える」ことへの期待感はほぼ100％（①48％，②52％）となっている（渡邉，2012）。

4．小学校英語活動での素地：小中教員のとらえ方

「小学校英語活動によって育ってきているのは，どのような力だと思いますか」という問いに対して，小学校教員の80％以上が「英語の音やリズムに慣れ親しむこと」をあげており，次いで「英語を聞くこと」（61.5％），「外国の人と交流すること」（49.9％）があげられている。

一方，中学校教員は，傾向としては小学校教員と似ているが（上位3項目の順序は同じ），「外国の人と交流すること」に対しては，小学校教員より高い反応（65.3％）を示している（小学校教員49.9％）。これは前記1．で引用した新1年生への受け入れ対策を持っている中学校教員の回答である（長沼・小泉，2009）。

5．その他の項目への期待と不安

それ以外にも，「外国や異文化に対する興味が高まる」が75.4％，「英語に対する抵抗感がなくなる」71.9％，「英語を聞く力が高まる」70.8％と，いずれも7割を超えている。これらは，中学校の英語教員が，小学校英語

について期待している部分と言えるだろう。
　前記3.の長野県での調査では,「習った英語を使って話す力」75%（① 19%，② 56%），「積極的な態度」78%（① 41%，② 37%），「小学校で触れている表現が身についている」93%（① 41%，② 52%）など，かなり期待度の高いものがあった。
　しかし，明るい期待ばかりでなく,「中学校入学時点での英語の学力差が出る」と思っている教員は65.0%に達し,「中学校での英語学習がスムーズになる」と思っている教員は42.1%と半数に満たない項目もあり,「将来的に英語を話せる日本人が増える」とは思っていない教員が77.6%に達しているのは，小学校から中学校への連携について，教員は十分に配慮し，注意深くその原因を探り，早めに治療する機会を考える必要があることを示唆している（福本，2012）。

6. 中学生自身は英語教育をどう見ているか

　Benesse®の調査によれば，中学校入学前と中学校での英語の好き嫌いについて，①「入学前：好き→中学校：好き」18.2%，②「入学前：嫌い→中学校：好き」5.2%，③「入学前：好き→中学校：嫌い」26.7%となっており，③の増加率が一番高いのは気になるところである。また，4技能のうち，中学校でもっとも好きな活動は「書くこと」であるというのは，興味ある回答である。『小学校学習指導要領　外国語活動編』では,「アルファベットなどの文字や単語の取り扱いについては，児童の学習負担に配慮しつつ，音声によるコミュニケーションを補助するものとして用いること」になっている。中学生になり，書く活動がもっとも好きになったのは，小学校でいかに書く活動が少ないかの裏返しではないかということを確認する必要がある。
　次頁の表1からわかることを端的に要約すれば，中学生は概ね肯定的な回答をしていることがわかる。設問1-(2)「英語の勉強は大切だ」では,「そう思う」「どちらかといえばそう思う」と回答した生徒は，3学年とも80%を超えている。中学生にとって最大の関心事は高校入試かもしれないが，設問1-(3)「英語の勉強は，受験に関係なく大切だ」においても,「そう思う」「どちらかといえばそう思う」と回答した生徒は，第1・2学年では80%近く，第3学年になると80.8%になっている（国立教育政策研究所，2003）。

表1 「教育課程実施状況調査(中学校英語)」国立教育政策研究所

(人数:第1学年 49,614人,第2学年 49,386人,第3学年 44,679人)
※相対度数(%)は小数第2位を四捨五入しているため,内訳は合計に一致しない場合がある。

	設問	学年	そう思う	どちらかといえばそう思う	どちらかといえばそう思わない	そう思わない	わからない	その他	無回答
1-(2)	英語の勉強は大切だ	1年	61.0	23.0	6.3	6.7	2.6	0.1	0.4
		2年	58.1	24.7	6.5	7.8	2.4	0.0	0.5
		3年	60.3	23.7	5.8	7.5	2.1	0.0	0.5
1-(3)	英語の勉強は,受験に関係なく大切だ	1年	55.8	23.5	8.3	7.4	4.3	0.1	0.7
		2年	53.8	24.2	8.7	8.8	3.8	0.0	0.7
		3年	57.8	23.0	7.4	8.0	3	0.1	0.6
1-(6)	英語を勉強すれば,私のふだんの生活や社会に出て役立つ	1年	44.9	25.1	11.2	9.9	8.9	0.1	0.5
		2年	41.9	25.4	11.8	11.8	8.4	0.1	0.5
		3年	44.6	24.3	10.7	12.1	7	0.1	0.4
1-(10)	ふだんの生活や社会に出て役立つよう,英語を勉強したい	1年	40.2	24.4	13.8	11.4	8.8	0.2	0.6
		2年	37.3	25.6	14.3	13.8	8.6	0.1	0.5
		3年	40.7	25.2	12.8	14.4	7.1	0.1	0.5

←――――――→ ←――――――→
肯定的な回答　　否定的な回答
をした割合　　　をした割合

7. 中学校1年生の「学力定着調査」

　下記の表は,平成19年2月に行われた京都市中学校第1学年の学力定着調査の結果である。

表2 平成19年度学力定着調査 技能別結果概要(京都市)

技能	聞くこと	話すこと	読むこと	書くこと
設問数	22	14	7	10
平均通過率(%)	76.0	64.1	67.4	63.7

※N≒1,000を抽出して分析・考察を行なった。

4技能の中では「聞くこと」が断然よく，次いで「読むこと」が「概ね満足できる」という結果であり，「話すこと」については「あまり満足できる結果ではない」とされ，「書くこと」については「大きな課題があると言える」と述べられている。その課題を簡潔にまとめれば次の3点である。

> ① 言語使用に関わる基礎・基本的な知識の確実な定着
> ② 文章や対話の流れの理解力及びそれに応じた表現力の育成
> ③ 自己表現能力の向上

①は外国語学習の基本であり，②は話し言葉であれ書き言葉であれ，生きた言葉の流れである。③は話したり書いたりする場合の形式だけでなく，自分の考えや感情を表現する力であり，日常よく用いられる生きた言語運用能力である。そのためには，他人の物真似ではなく，自分の意見や気持ちを明快に伝えるコミュニケーションを大切にしたい。それには，英語を使う場面を授業の中にできるだけ多く組み込む普段の努力が必要である。

8. まとめ

小学校教員では「英語活動」（現在の用語で言えば「外国語活動」）を経験したグループ，中学校教員では新1年生への受け入れ対策を持っているグループが，より前向きな回答をしている。しかし，相互の授業参観を望む声は比較的低く（小学校5.4％，中学校35.6％），「小中連携を踏まえ，小学校側の体制作りに必要と思われるものは何ですか」という問いに対しても，小学校教員は，ALTの配置（82.4％），専科教員の配置（68.3％），公的な教員研修（39.1％）と回答しているが，中学校教員は，小学校と中学校の連携（63.3％），専科教員の配置（62.7％），ALTの配置（50.0％）となっている（長沼・小泉，2009）。中学校教員が新1年生の出身小学校別の学力差を懸念していることと併せて，小中連携の実を上げるためには，もっと小中の相互理解を深めながら，児童・生徒のためにプラスになる指導体制のあり方を検討する必要があろう。

◆引用・参考文献◆
京都市教育委員会（2008）「学力定着調査報告（中学校　英語）」
国立教育政策研究所（2003）「教育課程実施状況調査（中学校　英語）」
長沼君主・小泉仁（2009）「小中連携における小学校英語活動に関する小中教員意識差」平成 19-21 年度文部科学省科学研究費補助金基盤研究（B）
福本優美子「小学校から中学校へとつながる英語教育とは」『第 1 回　中学校英語に関する基本調査報告書』［教員調査・生徒調査］Benesse®教育研究開発センター
　　http://benesse.jp/berd/center/open/report/chu_eigo/hon/hon_8_01.html
　　（2010 年 4 月 30 日）
吉岡健一郎（2008）「小中連携を見据えた英語教育の在り方―英語活動と連携した中学校第 1 学年の英語科カリキュラム試案の開発」京都市総合教育センター
渡邉時夫（2012）「長野県における小学校 6 年生担任の意識調査」

第3章

中学校英語教育の質的向上のために

3-1　従来の英語教育の問題点の整理
　　　——英語教育を取り巻く状況

3-2　従来の指導法の改善点について

3-3　英語教育の望ましい方向性について
　　　——Inputを基本に据えて

3-4　中学校入学当初の指導について
　　　——「望ましい」接続のために

3-5　中学校の「新しい」指導について

3-6　生徒が浴びるInputを増やすための教員の英語使用について
　　　——MERRIER Approachの紹介

3-7　Intake Readingのすすめ

3-1　従来の英語教育の問題点の整理
　　　──英語教育を取り巻く状況

　多くの教員は，自分の授業の向上のために常に努力を続けている。しかし，努力をあまりせず，今までやってきた通りの授業を単に繰り返している教員が少なくないことも事実である。惰性で教えているような教育が通用する時代は終わりにしなければならない。物，人，事の交流が地球規模でますます盛んになっている今日，英語教育改善の必要性は，日に日に高まっているのである。では，英語教員に対する要求がどのように変わってきたのか概観してみよう。

　2005年2月6日付の読売新聞では，教育問題についての世論調査結果を発表した。第1面に載った三段抜きの見出しは，「学力低下不安8割」と大きな活字が躍っていた。そして，次の小見出しは，「不満のトップは教員の質の低下」であった。6割が教員の質に対して不満を訴えていた。英語教育の分野でも，残念ながら「さもあらん」と納得せざるを得ない。グローバルな時代背景と，生徒の学力，そして教員の質的低下を踏まえ，『学習指導要領』の改訂，教員の再教育など，改革は急ピッチで進められている。

　平成23年度から，小学校の高学年から外国語活動が必修として導入された。また，平成24年度から新しい『中学校学習指導要領』が実施され，授業時数を週3時間から4時間へと1時間増加された。中学校で扱う単語数は，従来の900語から1,200語となって，300語増えた。教える時間と言語材料が増えただけでは，英語教育の質的変化をもたらすことはできない。教員の資質向上が不可欠である。英語教員だけが対象ではないが，文部科学省は平成21年度に教員免許更新制を新たに導入した。

　教員免許更新制は，その時々で教員として必要な資質能力が保持されるように，定期的に最新の知識技能を身につけることで，教員が自信と誇りを持って教壇に立ち，社会の尊敬と信頼を得ることを目指すものだ。現在は，教員が新しい知識・情報，教育技術・方法などの修得を目指して努力しなければならない時代に直面しているのである。

　2011年7月13日に文部科学省が公表した「国際共通語としての英語力向上のための5つの提言と具体的施策」によれば，英語教員に求められている英語力の基準の一つとされている英語検定試験準1級の取得者の割合

は，次の通りである。

> 中学校英語教員　　：24.2%（平成21年度）
> 高等学校英語教員：48.9%（平成22年度）

　上記のデータだけで教員の力量を云々することは早計であるが，英語教員の英語力不足は否定できない。英語力アップとともに，指導力アップについても全国レベルで真剣に取り組まなければならない。英語教育に当たっては，「聞くこと」，「話すこと」，「読むこと」，「書くこと」のいわゆる4技能の他に，文字の指導，コミュニケーションの指導，文法の指導，文化の指導など，多岐にわたって指導力の向上に努めなければならない。これらの指導については，第4章で検定済教科書の具体的なレッスンを取り上げながら，わかりやすく記述した。

　本節では，従来の指導法について改善すべき点を整理し，特に指導理念と指導方法の方向性について述べることにしたい。

3-2　従来の指導法の改善点について

　今までの指導法のどこを改善しなければならないのか。主な改善点を取り上げてみよう。

1. テキストの日本語訳が授業の主役になっている

　小学校の外国語活動の目標は、「外国語を通じて，言語や文化について体験的に理解を深め，積極的にコミュニケーションを図ろうとする態度の育成を図り，<u>外国語の音声や基本的な表現に慣れ親しませながら</u>，コミュニケーション能力の素地を養う」(下線は筆者)となっており，中学校に入学する生徒は，すでに英語を聞くことになじんでいることになっている。この英語学習に対する「素地」を十分に生かして，中学校では英語に触れる機会を一層増やす方向で教育を進めなければならない。平成25年度から，高等学校では，授業は英語で進めることが前提になっている。

　このように考えると，中学校段階では，テキストを日本語に訳すことが主役になっている従来の指導法を抜本的に変えていかなければならない。テキストの一文一文を日本語に訳すことを常時行うような指導を受けていると，「日本語訳がなければ内容を理解した気がしない」という生徒を量産してしまう。教員の中にも，「日本語訳をしないと生徒が本当に理解したかどうか不安だ」と考える教員も少なくない。これは，日本語訳を主軸にするような指導を受けて育った教員が多いからだとも言えるだろう。

　英文和訳に固執する理由はもう一つあると思われる。「英語のテキストを英語でわからせる教え方が正直のところわからない」という教員の存在であろう。そのような教員の中には，「方法がわかればそうした方法で教えたい」と思っている者も少なくない。第3章　3-6で紹介するMERRIER Approachが一つのヒントになると思われる。教員が変わらなければ生徒は変わらないのである。特に第3章と第4章では，新しい指導の多様な在り方をわかりやすく紹介しているので，ぜひ参考にしてほしい。

2. 日本語による英文法の説明

　高等学校でも文法の検定教科書は存在しない。しかし，多くの高校では市販の文法の副読本を買わせ，延々と日本語で続く文法の解説が行われている。「文法についての正確な知識がないと英語を使うことはできない」と信じている教員が非常に多いことがわかる。高等学校だけの問題ではない。中学校の教員の多くも「文法知識が英語力の基礎・基本」と考えて，授業でその信念を実践しているように思われる。

　日本語による過度の文法説明は，英語の習得にとって効果は期待できない。例えば，「主語が3人称単数で時制が現在の場合には一般動詞の原形に -s または -es を付する」という原則を理解していても，実際のコミュニケーションの場面で，その規則を正しく使えない人が多くいることは周知の通りである。また，文法指導を徹底し過ぎると，それが災いとなって，英語を使って話したり書いたりしようとすると，その規則が思い出され，英語が出てこないということも多くの日本人が経験している。つまり，accuracy を必要以上に強調して指導すると，fluency が妨げられてしまう。しかも，その説明を延々と日本語で行うことは賢明でないことは自明の理である。文法の知識は不要だと言っているわけではない。教員の話す英語や CD などに触れる機会を増やし，生徒が英語になじむように仕向けることと，日本語による文法の説明を控えめにして，生徒に英語を使う機会を増やすこと，などに留意することが望ましい。

　文法は，一気に覚えるのではなく，長い時間をかけて徐々に修得していくものであることを肝に銘ずるべきである。いずれの教科書でも，適当な時間を置いて文法の大切な部分を簡潔にまとめてある。これを繰り返し繰り返し参照するなど，賢明な活用法を考える工夫も勧めたい。

3. 暗記一辺倒と過剰な機械的ドリル

　日本人にも影響力があった英語教育法の権威者である Wilga Rivers は，論文の中で次のような懺悔をしている。自分の教えていた生徒が，ある時授業の終わりに質問に来て次のように言った。「先生に教えていただいているレッスンについては，聞かれれば英語で答えることができる。しかし，授業の内容と全く関係のない事柄について聞かれると，全く英語が出てこない。これはなぜでしょうか。」その時 Wilga Rivers は，「やはり，そうか」と思ったそうである。与えられたテキストについて，文を暗記さ

せたり，繰り返しドリルさせたりしていれば，生徒は既習の単語や表現や文を使って難なく応答することはできる。しかし，それ以外のテーマや事柄について問われれば対応できないかもしれない，という懸念をずっと抱いていたという。

　Wilga Rivers は，暗記やドリルは大切ではあるが，「それだけでは十分ではない。何かが不足している」と常日頃考えていた。生徒の質問によって，その疑問が一層明確になった，と述べている。不足している部分は何か。彼女の考えを詳細に紹介するスペースはないので省略するが，結論的に言うと，できるだけ多くの英語を生徒に浴びさせるということと，生徒に「考え，創造させる」機会を増やすことだと思う。

　教員が，日常的に英語を使って自分の考えや思いを述べたり，テキストと関連した事柄について話したり，書いて読ませたりすることが必要である。テキストについて，Fact-finding タイプの質問ばかりするのではなく，テキストの学習によって得た知識と既知の知識を合わせれば答えられるような，いわば Inferential タイプの質問をするなどによって，生徒が自分の言葉で表出する機会を与えることも必要である。Englishes が強力な伝達手段になっているグローバル時代に，力強く生きていかなければならない生徒たちにとっては，習い覚えた英語を思い出して使うのではなく，自分で英語表現を創り出す力が必要なのである。

◆引用・参考文献◆

高梨庸雄・高橋正夫（2011）『新・英語教育学概論』[改訂版] 金星堂
文部科学省（2008）『小学校学習指導要領解説　外国語活動編』東洋館出版社
Rivers, W. M. (1983) *Communicating Naturally in a Second Language*. Cambridge Univ. Press.

3-3　英語教育の望ましい方向性について
　　　──Input を基本に据えて

　詳細については次の章に譲るとして，この節では，英語の運用能力を伸ばすためには英語の Input を飛躍的に増やす方向が望ましい，ということを述べることにしたい。

　まず，英語を学ぶには，Learning と Acquisition という 2 通りの道筋がある。前者は「学習」，後者は「習得」と呼ばれている。
　Learning は，日本人が学校で文法や翻訳，暗記とドリルを通して意識的に覚えていくような学び方を指している。Acquisition は，子どもが母語を自然に習得していくような学び方を指している。両者ともにそれぞれ重要ではあるが，外国語（英語）を積極的に使う力を養うためには，前者（Learning）よりも後者（Acquisition）の学びのほうが一層有効であると考えられている。
　単語や表現，文法規則をたくさん覚えても，英語を使う力がなかなか身につかないことは，日本人には経験上自明の理であるとも言える。また，学生時代には英語が不出来であった者でも，英語国などに滞在し，常に英語の Input を浴びる生活をしていると，英語を使う力を身につけてしまう日本人が少なくないことも周知されている。
　英語の Input が多ければ，Output する力が自然に身につくと簡単に言えるわけではない。どのような Input をどのように生徒に与えるべきか。Input が Intake（本当に身についた Input，血となり肉となる Input）になる過程や，Intake を Output へと変化させる指導法については第 4 章で扱うことにする。

　ここでは，外国語（英語）を話したり書いたりする力（Output）と Input との関係を次のイラストで見てみよう。Input と Output を氷山（iceberg）に見立てたものである。

「真っ青の空を背景にして，真っ青な海に浮かぶ真っ白な氷山は美しい」

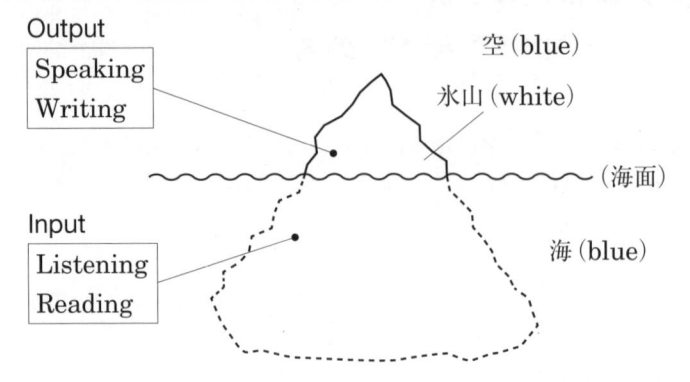

Output
Speaking
Writing

空 (blue)
氷山 (white)
(海面)

Input
Listening
Reading

海 (blue)

「海面に浮かぶ白い部分をもっと大きくしたら，もっと美しいだろう」と思う。その部分を大きくするにはどうしたらよいか。海の中に沈む部分を大きくするより他に方法はない。

　さて，英語の学びで言えば，海に沈む部分 (Input) は Listening と Reading である。海上に見える美しい部分 (Output) は，Speaking と Writing に相当すると考えてよい。英語を流暢に話す人を羨み，話す練習ばかりしていても思うように上達しない。夢を果たすには，英語の Input を多量に浴びて，英語の音声や発想になじむことが最善である。
　上記の説明だけではやや単純すぎる面もあるが，従来の英語教育を改善する方向性については，多くの示唆を与えてくれる。
　どちらかというと，文法，暗記，機械的なドリル，翻訳，などに偏していた我が国の英語教育を，Input, Intake, Output などを増やす方向へと大きく舵をきり，英語が使える日本人の育成のために新しい英語教育を展開したいと思う。

3-4 中学校入学当初の指導について
―― 「望ましい」接続のために

1. 外国語活動の経験を踏まえて

　2008年に公示された『中学校学習指導要領　外国語編』の中で，第1学年の指導に当たっての配慮事項として，「小学校段階での外国語活動を通じて，音声面を中心としたコミュニケーションに対する積極的な態度等の一定の素地が育成されることを踏まえ…」と明記されている。中学校では，外国語活動でどのような能力や態度を身につけてきたのかということを十分に見極めて，英語の指導に生かしていくことが重要である。

　外国語活動を経験してきた生徒は，(1) 英語を聞くことに慣れていたり，英語を聞く力が高まっている，(2) 外国や異文化に対する興味が高まっている，(3) 英語に対する抵抗感がなくなっている，といった能力や態度を身につけていることが期待できる。一方で，中学校入学時点での英語の学力差が出ているといった特徴も見られる（外国語活動の効果に関する調査については，第2章を参照されたい）。このことを踏まえると，中学校入学当初の指導では次のことを心がけたい。

> ① 音声から文字へという指導の流れを基本とする。
> ② 生徒の知識・能力を適切に診断しながら指導計画を立てる。

　外国語活動において，ALT・学級担任・英語専科教員の英語や，CD・DVD・デジタル教材などの英語に触れ，英語の音声や基本的な表現に慣れ親しんでくる。聞かされる英語のすべてを理解できなくても，(1) 非言語的情報，(2) 既有の一般的知識，(3) 既習の英語知識，などを手がかりにして，メッセージを大まかに理解する力を身につけてくると考えてよい。そのような生徒には，日本語ばかりの一方的な講義調の授業ではなく，音声を十分に使いながら，英語を正確に理解する力に発展させたり，英語の音声から文字への橋渡しをスムーズに進めたりすることが必要になる。

　次に，中学校教員は生徒がどのような能力を持っているのかを見極めながら指導計画を立てることが重要である。語彙の指導を例にとろう。従来は，生徒は語彙の知識がないものと仮定し，どの生徒に対しても，どの単語についても，一様にフラッシュカードを用いて発音練習や意味の確認を

させることが多かった。外国語活動で2年間英語に触れてきた生徒たちには，経験してきた内容によって，生徒間で知っている単語に違いが見られるはずである。また，basketball という単語一つをとっても，「バスケットボール」と日本語のように発音している生徒と，アクセントや母音・子音の発音の点で英語らしく発音している生徒がいるだろう。すなわち，語彙知識の内容に違いが見られることが予測される。生徒によって，また語彙によって，導入方法や指導方法を変えていく必要がある。

この2点を踏まえながら，小学校と中学校の「望ましい」接続のために，酒井（2012）に基づいて，場面や働き，活動，学び方をつなぐことを提案する。

2.「場面」や「働き」をつなぐ

「場面」や「働き」をつなぐことによって，中学校で次のような工夫ができる。

---

① 小学校で行われる活動の場面（あいさつ，自己紹介，買い物，道案内など）をつないで，同じような場面設定で活動を行う。その中で使われるコミュニケーションや言語の働きの幅を広げていく。
② 小学校で行われていないような場面を取り上げて，生徒の言語経験を増やしていく。
③ 小学校で扱われているコミュニケーションの働きを取り上げて，さまざまな英語表現を指導していく。

まず，同じ場面を取り上げながら，コミュニケーションや言語の働きの点で「接続」する例を紹介する。「あいさつ」と「自己紹介」を取り上げよう。*Hi, friends!* では，次のようなやり取りが扱われている。

    Sakura: Hello. My name is Sakura.
        What's your name?
    Chris: Hello, my name is Chris.
    Sakura: Nice to meet you.
    Chris: Nice to meet you too.

このようなやり取りを参考にして，チャンツを行ったり，級友とのインタビュー活動を行ったりする。児童は「あいさつ」や「自己紹介」の場面のやり取りに慣れ親しんでいる。ここで児童は何を経験しているのだろう

か。Hello. と言って会話を始めること，Nice to meet you. と言われたら Nice to meet you too. と返すことが適切であるという会話のマナー，そして，My name is 〜. という表現で自分の名前を伝えたり，What's your name? と相手の名前を尋ねている。最初の2つは，「相手との関係を円滑にする」働きを持っている。3つ目は「事実を伝える」働きをしている。また，4つ目は質問をすることによって「相手の行動を促す」働きをしている。つまり，「あいさつ」や「自己紹介」の場面において，さまざまな「コミュニケーションの働き」(『小学校学習指導要領』) を学んでいると言える。中学校では，同じように「あいさつ」や「自己紹介」の場面を取り上げながら，さらに幅広い「言語の働き」を指導していくとよい。

≪「接続」の例1≫
次の *New Crown*（三省堂，2012）のやり取りを見ていただきたい。

Kumi: Hello, I am Tanaka Kumi.	……①
Paul: Excuse me?	……②
Kumi: Kumi. K-U-M-I.	……③
Paul: Kumi. I am Paul. Paul Green.	……④
Kumi: Nice to meet you, Paul.	……⑤
Paul: Nice to meet you too, Kumi.	……⑥
(*New Crown* 1, Lesson 1, GET Part 1)	

「あいさつ」や「自己紹介」という場面は，外国語活動ですでに体験している場面である。外国語活動で学んできたことを認めながら，より正確で，より適切で，より自然なコミュニケーションの仕方を学ぶことができるように工夫する必要がある。Kumi と Paul のやり取りを見てみると，*Hi, friends!* のやり取りとは異なる部分がある。以下の番号は上記のセリフと対応している。

① Kumi から話しかけている。
② Paul は聞き取れなかったことを曖昧にせずに，Excuse me? と聞き返している。
③ Kumi は Paul のために自分の名前をスペルアウトしてわかりやすく工夫している。
④ Paul は，"Kumi." と繰り返すことで理解したことを示している。

また，Paul という名前を繰り返すことで自分の名前を強調し，覚えてもらえるようにしている。
⑤，⑥　Kumi も Paul も，相手の名前を会話に取り込んでいる。名前を頻繁に呼びかけることは，コミュニケーションを円滑にする一つの特徴である。

このように，外国語活動と同じ場面であっても，使用されているコミュニケーション・言語の働きを複雑にすることは，より自然な言語使用にするために必要である。そこで，中学校では，インタビュー活動をするときに，Kumi や Paul のように英語でコミュニケーションしてみようと意識づけ，(1) Kumi のように自分から話しかけるように促したり，(2) 相手の名前をメモするように指示し，Paul のように聞き返しながらやり取りをするように促したり，(3) 相手の名前を取り入れながらあいさつするように促したりすることによって，外国語活動と英語を「接続」することができる。外国語活動で学んできたことを踏まえながら，コミュニケーション活動の「深み」や「幅」を広げていくように教員が心がけることが重要である。

≪「接続」の例2≫
　次に，小学校では扱われていない場面を取り上げることによって，「接続」する例を示す。例えば，「道案内」は，外国語活動で扱われる場面の一つである。同じ「案内」でも，電車やバスの「乗り場案内」，「家の中の案内」などは小学校ではあまり扱われない。そこで，中学校では，小学校で扱われない場面を取り上げ，そこで使われる英語表現を扱うことができる。
　別の例として「自己紹介」の場面を取り上げよう。外国語活動では，友達同士で自己紹介を行うことが多い。中学校では，教員と生徒との出会いの場面，電話による自己紹介，スピーチにおける自己紹介など，さまざまな場面を想定して自己紹介をさせていくことができる。対面している場合には I am Tanaka Kumi. と言うが，電話では This is Tanaka Kumi. と表現するというように，それぞれの場面で必要な表現を指導していく。すなわち，小学校の外国語活動で行ってきた経験の幅を，中学校で広げていく形で，発展的な学習を実施することができよう。

≪「接続」の例3≫
　最後に，小学校で扱うコミュニケーションや言語の働きを取り上げながら，英語表現の幅を広げることによって「接続」する例を示す。人に声をかけるとき，外国語活動では，Hello. と言うことが多い。あいさつをすることによって，コミュニケーションや相手との関係を円滑にする働きを持つ。相手によって Hi. や Hello. を使い分けて声をかけるように指導したり，使う時間帯によって Good morning. / Good afternoon. / Good evening. などのあいさつの表現を扱ったりすることができる。電話の場面では，Hello. を用いることができる。また，道で見知らぬ人に声をかけるときには，Excuse me. という表現を用いる。新聞記者などのインタビューの場面では，Thank you for this interview. と言うことによってインタビューを開始することができる。このように，「あいさつ」一つを取り上げてみても，さまざまな表現を扱うことができる。中学校では，さまざまな表現を指導し，状況に応じて使い分ける力を育成したい。

3.「活動」をつなぐ

　外国語活動でよく行われる活動（ゲーム等）を工夫することによって，中学生向けの活動として活用することができる。一度小学校で経験している活動ならば，スムーズに導入できる。例えば，単語を使った「消しゴム取りゲーム」の Key Word Game を例にあげよう。
　生徒はペアになり，消しゴムを1つ中央に置く。対象となる単語（例：baseball, soccer, swimming, basketball など）の中から，キーワードを決める（例：soccer）。教員の後に続いて生徒に発音させ，キーワードの時には繰り返さずに消しゴムを取らせる。ペアでどちらが早く消しゴムを取れるかというゲームである。この活動を応用すると，次のようにできる。
　ある Part の新出単語が書かれたフラッシュカードを用意する。

:::
like　　have　　toy　　in　　bag　　the　　play　　every　　it
　　　　　　　　　　（*New Crown* 1, Lesson 3, GET Part 1）
:::

　ペアになり，消しゴムを準備させる。教員がフラッシュカードを見せ，生徒に発音させる。Key word（例：toy）が示された場合には，発音せずに競って消しゴムを取らせる。このように，小学校で音声中心であった活動に文字を取り入れ，活用することができる。

47

4.「学び方」をつなぐ

　外国語活動では，*Hi, friends!* や ALT の英語を聞く機会がかなりある。その中で，まとまりのある英語を聞いて，聞き取れた単語や表現を頼りに，文脈の助けを借りながら，何を言っているのかを推測する力を培ってくる。この点を考えると，2つの示唆が得られる。

　第1に，未習・既習に関わらず，教員はコミュニケーション場面で必要な英語表現を積極的に使っていくべきである。例えば，不定詞は中学校2年生で扱う文法事項だからといって，中学校1年生に英語を使って話をするときに，不定詞を避けて不自然な英語を使用する必要はない。生徒は小学校の時に不定詞を含む表現に触れており，理解できるかもしれない。また，不定詞は文法的に説明しようと思うと難しい構造をしているが，聞き取れた単語を頼りに大まかな理解を進めていく学び方をしている生徒ならば，その意味を理解するのは難しいことではないだろう。I go to the library to read the book. という英語を聞いた生徒は,「図書館に行き，本を読むんだなあ」と大まかに理解することができよう。さらに，生徒が理解するのに困難を示したときに，英語の表現を言い換えるが，発想を変えるなどの工夫をしたり，ジェスチャーなどの非言語情報を与えたりするなどして，理解可能な Input を与えることができる。

　第2に,「何となく理解している」状態で生徒を立ち止まらせてはいけない。「大体意味がわかる」から「細かい部分がわかる」という流れを設けたい。例として，一般動詞（have，play，like など）の導入場面を取り上げる。外国語活動で自己紹介の活動を体験している場合には，教員がHello. My name is ～．と話し始めれば，生徒は「教員は，自己紹介しているんだ」と理解することができる。具体物や外国語活動で触れていると思われる語句を使いながら一般動詞を導入する。

　　　I have a guitar. Look. This is the guitar. I like music. I play the guitar every day. On Monday, Tuesday, Wednesday, Thursday, Friday, Saturday, and Sunday. Every day. I can play the guitar very well.

　　　I said, "I have a guitar." Do you have a guitar? If your answer is "Yes. I have a guitar", raise your hand.

　恐らく，生徒はいくつかの語句を聞き取ったり，具体物を見ながら，何を言っているのか大体理解しているはずである。I have a guitar. や I play the guitar. という英語は，guitar という英語を聞き取って，「ギターのことを話している」と理解したり，ジェスチャーを見て「ギターを弾くんだ」と理解する。しかし，have と play との違いや，guitar に a がつくときと the がつくときの違いなどの細かな部分には気づいていない状態である。そこで，"I have guitar." or "I have a guitar."? Which is good? と言って，「a」の存在を意識させる。板書してもよいかもしれない。「大まかな理解」→「正確な理解」という流れを大事にしたい。

　また，この「大まかな理解」→「正確な理解」という学び方については，聞くことだけでなく，中学校においては読むことにおいても意識したい。従来の中学校での指導では，まとまりのある英語の文章を読ませるときに，最初から1文1文理解させるように指導していることが多かった。外国語活動を経験した生徒たちは，聞くことにおいて「大まかに理解すること」に慣れている。そこで，まずは英語の文章を読んだときにも「大まかに理解すること」に慣れさせることから始める。わからないことは飛ばしながら読み進め，大体の内容を理解できればよしとするのである。まとまりのある文章を大まかに理解することに生徒が慣れてきたら，正確に理解することを求めていく。

◆引用・参考文献◆
文部科学省（2008）『中学校学習指導要領解説　外国語編』開隆堂出版
酒井英樹（2012）「小学校で学んだ事項を中学校でスパイラルに学習していくには？」大修館書店『英語教育』1月号

3-5 中学校の「新しい」指導について

　中学校の「新しい」指導を考えるとき，「当たり前に行っている指導法」をもう一度見直すことから始めたい。本節では，2つの「当たり前」を問い直す。新出単語の指導と読みの指導における Q-A 活動である。

1.「当たり前をもう一度見直そう」——新出語句の指導

　生徒にテキストを読ませる前に，フラッシュカードを使って新出語句の発音を練習したり，意味を確認したりする。この「当たり前」の指導手順を問い直してみよう。教科書に書かれている新出語句が必ずしも生徒にとっても新出語句とは限らない。逆に教科書で新出語句とされていなくても，生徒にとって未知である語句もある。フラッシュカードで扱われた語句以外でも，指導しなくてはならない語句が存在するだろう。また，生徒によっては，新出語句の指導を改めて行わなくても支障のない語句があるかもしれない。

　発想を変えて，「新出語句の指導から始めない」方法を考えてみよう。その代わりに，生徒自身に辞書をひかせながら読ませるのである。辞書を活用する力は，社会に出てからも通用する。また，辞書を使うためには，テキストの中にある未知の語を自ら特定する必要がある。自分の知らない語句を自覚することができれば，その語句について他人に質問することができる。「新出語句の指導から始めない」代わりに，辞書の使い方を指導したり，わからない部分について質問する方法を指導することが重要になる。後者については，例えば次のような表現を教えるとよいだろう。

　　　　・What's the meaning of this word[phrase]?
　　　　・I don't understand line 3. Please teach me.
　　　　・Line 4 is difficult for me. Please help me.
　　　　・*A-sensei*, please help.（わからない部分を指で示す）

　生徒の不理解に応じて，教員は語句について英語で解説する。生徒は語句の意味がわからないから，教員の英語の説明を理解しようとする。この際，教員は既習の表現を使ってわかりやすく説明したいものである。

　ある中学校でスピーチの指導を参観したことがある。生徒は辞書を使い

ながら，自分の表現したいことを英語で書いていた。当然，他の生徒にとって理解できない語句も使用されることになる。従来は，「今まで習った語句を使ってスピーチ原稿を書こう」というように使用する語句に制限を設けたり，使われている語句で特に重要なものについては教員がまとめて指導し，スピーチの発表の際，理解しやすくしたり，という指導方法をとっていたように思う。しかし，この中学校ではそのような指導はせず，その代わりに，聞いてわからないことを質問する練習活動を徹底して行っていた。ある生徒が"I want to be a family member of twins."という内容のスピーチをした。スピーチが終わったあと，Do you have any questions?と言って質問を受け付けた。1人の生徒は，What's 'twin'?と尋ねた。スピーチをした生徒は，Twins are brothers or sisters like *the Touch*. Do you know *the Touch*? They are comedians.と双子の芸能人を例に出しながら説明した。そうすると質問をした生徒をはじめ，クラス中でうなずく生徒たちがいた。教員によって何もかも与えてしまうのではなく，生徒がわからないところを自ら質問することによって明らかにしていく。まさに自律的な学習者への一歩と言えよう。また，このようなやり取りは，理解可能なInputを増やすという意味でも重要である。

　外国語活動で英語の音声に慣れてきた生徒に，どのように文字に出会わせるのかという点からも，フラッシュカードによる新出語句の指導を実施しないことによって，小中の連携がうまく図られることもある。例えば，フラッシュカードによる新出語句の指導をしないことで，文字を自分の力で読み進める喜びを与えることができる可能性がある。小学校では音声中心で英語を学んでくる。例えば，Nice to meet you.という表現を多くの児童たちが学んでおり，実際使えるものである。新出語句の指導をせずに，生徒に文字を読ませたらどうだろうか。「Nから始まっているぞ，ナニヌネノの音かなあ。iはアイだなあ。ナイ？　cはスィーでその後がイー。ナイスィー？　あ，ナイスのことかな？」というように，自分で文字の手がかりを活用しながら英語の音声と文字を一致させていくチャンスを生徒に与えることができる。「あ，文字も自分で読めるぞ」という自信を持たせることができるかもしれない。従来の中学校での指導は，音声と文字と意味を同時に教えることが必要であった。小学校での指導を受けて，生徒は音声を身につけていることが多い。音声を知っている生徒に，どのように文字を教えていくかということを工夫する必要があろう。

2.「当たり前をもう一度見直そう」——リーディングにおける Q-A 活動

　テキストを読んだ後に，内容理解のために Q-A 活動が行われる。Q-A 活動の質問は，教員が与えるのが通常であろう。生徒は，与えられた質問に答えることになる。この「当たり前」を見直してみよう。

　現実社会では，我々は，リーディングをした後に，与えられた質問に答えることはほとんどない。通常は，自分自身が問いを立て，その答えを探すために読み進めることが多い。例えば，小説を読み進めているとき，再登場した人物について，「この人ってどんな人だったっけ？」という疑問を持ちながら，もう一度前の部分を読み直すことがある。あるいは，「どの携帯電話が自分に合っているだろうか？」という疑問を持って，携帯電話のカタログをめくる。つまり，読むことには「自ら問いを投げかけながら読み進めること」も含むと考えられる。このように考えると，教員が質問を与えるだけではなく，時には生徒自身に問いを持ちながら読み進めることができるように指導をする必要があるのではないだろうか。

　読むテキストのタイプによって，問いの内容も変わるはずである。例えば，「物語」では，

- 登場人物は誰か。その中で主人公は誰か。
- いつ，どこの話か。
- どんな生活を送っているか。
- どんな事件・出来事が起きたか。
- その事件・出来事はどのように展開したか。
- その事件・出来事のクライマックスはどうであったか。

という問いを持つことができよう。これは，物語スキーマに沿った問いである。他にも，読む対象が「手紙」であったら，

- 誰が，誰にあてた手紙か。
- いつ書かれたか。
- 何のために書かれたか。

という問いが基本であろう。基本的な問いを生徒が自ら持ち，読み進めることができるようになれば，読み進めたことに基づいて新たな疑問を持つように促してもよい。その疑問は，生徒によって異なるであろう。また，その答えも生徒によって異なるであろう。別の言い方をすると，生徒がそれぞれにさまざまな解釈をするということは，生徒が読み取ったことを基にしながら独自の疑問を持ち，その答えをそれぞれ探すことであると言え

よう。このような読み方ができれば，書き手の意向を理解することはたやすくなるであろう。また，教室を離れても，自分なりの読み方を実践することができよう。

　本節では，生徒が外国語活動を経験しているからこそ変わらなくてはならない考え方を示してきた。そのためには，生徒がどのような能力・態度を身につけているかを見極めることが重要である。そして，当たり前のように行っている指導を，もう一度それでよいのかを問い直すことが必要である。

3-6 生徒が浴びる Input を増やすための教員の英語使用について——MERRIER Approach の紹介

1. はじめに

　小学校で「コミュニケーション能力の素地」を培い，中学校では生き生きとした英語の授業を受けようと生徒は意欲に燃えている。このような生徒を，「英語が使える日本人」として鍛え上げるために中学校教員に求められていることは何だろうか。この点について，優秀な実践家と目される35名の英語教員に自由記述方式でアンケート調査を実施した。その結果，最も多かったコメントは次の通りである (2012 年 4 月実施)。

① 従来は，one-sentence level の発話が中心で，しかも，与えられた文の単なる Repetition が支配的だった。同じことをしていたのでは，英語教育に将来性はない。Listening の素地がある程度築かれているので，まず教員が英語で話す機会を増やす (教科書の内容を膨らませたり，教科書のテーマ，題材に関連した話題を自分の英語で話す。生徒にわかるように工夫して話す努力をする)。

② Interaction を重視した活動を意図的に増やす。Teacher—Students, Student(s)—Student(s) など。ペアワークやグループワークを今まで以上に。

③ Discourse の機会を増やす。妥当な場面設定をし，生徒が考えながら自分の言葉で相手とやり取りする学習場面を計画的に設定。

④ 今までは，比較的 target sentences を重視したシナリオによる対話活動や，例文を基にした自己表現活動が多かった。今後は，文法的には不完全でも，メッセージを的確に伝える力を伸ばす活動を増やしたい。まずは，教員が実践する。多様な場面設定をすることで，同じ表現を有効に使うコツを教えることができる。教科書の内容を発展させたり，視点を変えて書き直してみる作業がこれからの教員には求められている。

⑤ bottom-up だけでなく，top-down 的なアプローチを取り入れる。つまり，例えば，教員や CD，DVD などの英語を聞いて，1 語 1 句すべてを理解させようとせず，概要や要点を掴むことをねらい

> とするような活動を体系的に取り入れる。

　以上のコメントは,「英語が使える日本人」を育てようとして始まった日本の新しい英語教育を,正しい方向に進展させるための原則を表していると思われる。ただ,そのための前提として,英語教員自身が英語使用能力を向上させなければならない。特に,意味のあるメッセージ(深い内容)をやさしい英語で生徒に理解させることのできる英語使用能力を,教員が身につけることが必要である。どうしたら,そのような英語力を習得することができるだろうか。自信を持って推薦できる方法がある。

　それはMERRIER Approach(メリアー・アプローチ)である。Krashen(1985)のInput仮説を含むComprehension Approachや,外国語習得理論に基づいており,全国各地で実践され,効果を上げている。次に,実践に当たっての具体例をあげながら紹介したい。

2. MERRIER Approachの紹介

　'MERRIER'は,次の7つの語(話す際に教員が留意すべき視点の語)のイニシャルを結んで編み出した名称である。それぞれについて具体的に説明しよう。

> Model / Mime, Example, Redundancy, Repetition, Interaction, Expansion, Reward

(1) MERRIER Approachの概要

　まず,全体像を理解していただくために概要を簡単に説明する。

① **Model / Mime**：理解を助けるため,ジェスチャーや表情を効果的に使う。また,絵や写真,イラスト,地図,地球儀,実物などを使って説明する。
② **Example**：抽象的な内容については,できるだけ具体例をあげながら説明する(抽象のはしごを上下する)。エピソードや経験を織り交ぜて話すことも効果的である。
③ **Redundancy**：ある意味内容を説明するのに,いろいろな角度から

(多面的に)発想を変えて話すように努める。例えば，「黒板の英文を写しなさい」と言いたい場合，Write down the sentences on the board. と言うだけでなく，Copy the sentences. と言い換えたり，発想を変えて，Open your notebook. とか，Have you got your pencil? などと話しかけると，生徒には「ノートに書くのだ」ということが理解されるであろう。すべての生徒が，これらの表現の一つを理解すればよいし，優秀な生徒はすべてのヒントが理解できるだろうから，学力差に応じた指導も可能になる。

④ **Repetition**： 重要と思われる表現を意図的に繰り返し使うことが大切である。パタン・プラクティスのように機械的な繰り返しではなく，意味のあるさまざまな場面の中で繰り返し使うことが必要である。

⑤ **Interaction**： 聞いて理解するだけでなく，生徒には，教員や友達との Interaction の機会を与えることが大切である。しかし，無造作に Q-A 活動を行うのではなく，教員は，できるだけ下記の順序を大切にして，生徒の心理面を尊重しながら，生徒に発話の機会を与えるよう努めなければならない。

教員が英語を話す《生徒は理解しようとするだけで，英語は使わない》⇒ 話した内容について，教員が質問する《生徒は挙手したり，記号を書き留めるなど，体を使って反応する》⇒ 教員の質問に対して，生徒は short oral response を行う。《Yes, No とか baseball, yesterday, my mother など，1語とか数語の反応をする》⇒ 教員の質問に対して，生徒は次第に長い oral response で反応する。

⑥ **Expansion**： Interaction などにおける生徒の反応については，英文の一部であったり文法的でない場合も多い。そのような場合には，すぐに訂正したり注意したりせず，一旦生徒の回答を認めた上で，教員が自然に訂正して復唱することが大切である。生徒が自分の誤りや

不正確さに気づいてくれるかもしれない。例えば，How did you come to school this morning? に対する生徒の回答が Bus. だとすると，教員は Oh, you came to school by bus. などと expand して復唱する。また，Did your father come home before seven last night? に対する回答が Yes, he come home before seven. だとすると，I see, he came home before seven last night. などと訂正しながらリピートするとよいだろう。

⑦ **Reward**： 生徒を常に励まし，自信と積極性を援護してやるのが教員の大切な役割である。生徒の応答に対しては，常に encouraging words や表情で接することを心がけたいものである。生徒に対するこのような接し方を Reward（ご褒美）という表現で表している。

(2) 具体例
① Model / Mime について

　Model の簡単な例について説明する。生徒に英語で理解してほしい対象物や事柄は，例えば，机，椅子，教科書などを次々に指し示しながら，This is a desk [chair, textbook]. などと英語で説明することが基本である。教員が机だけを示しながら This is a desk. と発話するよりも，上記のようにいくつかの物を次々と指さして，This is a desk [chair, textbook]. などのように発話すると，子どもたちには「それぞれの物の英語名だな」ということが一層理解しやすいだろう。子どもたちが常に推測している状況を作り出すことが「よい指導」のコツである。「考える (think)」ことが英語習得の大切な部分であることを，まずしっかり頭に入れておくとよい。実物を使うだけでなく，地図，写真，絵，カレンダー，さらには，DVD や ICT の動画など，多様な教材の活用が考えられる。

　次に，Mime の活用例をあげてみよう。Mime は pantomime（パントマイム）が元の意味である。ジェスチャーや表情を通して，日本語を介さずに英語でコミュニケーションを図ることをねらっている。例えば，歩いたり，走ったりする行動を示しながら，I'm walking [running]. などとしたり，「怒り」，「喜び」，「悲しみ」などの表情を示しながら，I'm angry [happy, sad]．などの英語を Input する。子どもたちの素晴らしい回答に対して，教員が表情やジェスチャーを交えて，Oh, excellent! と反応すれば，子どもたちは，たちまち excellent の意味を正しく理解するであろう。

次に，理解可能な英語の Input を与えるために，Model / Mime をどのように活用したらよいか，いくつか具体例をあげてみたい。

≪言葉（英語）では説明が難しい事柄を理解させる方法≫
　例えば，シンクロナイズド・スイミングについて英語で説明するのは至難の業である。しかし，シンクロナイズド・スイミングの写真を見せながら，This is synchronized swimming. と言えば，一目瞭然である。Do you like synchronized swimming? / Raise your hand if you like it. などと会話を続けることができる。

≪比較・対照することによって単語の意味を理解させる方法≫
　オーストラリアと日本の地図と，それぞれの国をイメージできる写真（日本は富士山，オーストラリアはウルルなど）を黒板に貼り，次のように英語で説明する。

　Please look at the blackboard.（子どもたちに何らかの行動をさせたいときには，必ず Please から始めよう。子どもたちは，「何かするように指示されている」と推測し，教員の意図を理解することができる）

　（地図を指しながら）This is Japan. This is Australia.（日本の地図に戻って，Is this Australia? などと確認すれば，子どもたちの注意を一層喚起することができるだろう）This is the map of Japan. This is the map of Australia.

　日本とオーストラリアの写真を指しながら，This is the picture [photo] of Japan. This is the picture of Australia. などと発話した後に，日本の地図を指しながら，Is this the picture of Japan? と発話すると，map と picture の違いがはっきり焦点化され，それぞれの意味がわかってくるであろう。

　単語の意味が理解できたら，音に慣れるために次のような活動を行ってもよい。教員が「『写真』と言ったら右手，『地図』と言ったら左手を上げよう」と言って，map, picture, the map of Australia, the map of

Japan, the picture of Japan などと，スピードを変えながら Input すると，TPR (Total Physical Response) の手法と相俟って子どもたちの興味が高まり，理解も深まるであろう。

② Example について
　一番簡単な方法は，具体例を列挙することである。例えば，Do you like vegetables? と言った後，子どもが vegetables の意味を理解できたかどうか心配になったら，Cucumbers, carrots, potatoes, ... というように，野菜を列挙する。その上で Do you like vegetables? と問い直すと，理解できるのではないだろうか。

≪「抽象のはしご」を下る≫
　抽象度が高い話は，子どもたちにはわかりにくい。「はしご（梯子）」の例えを使って，抽象度を説明する。
　はしごの一番上段を最も抽象度の高い内容とし，はしごを1段1段下がるにつれて，次第に内容が具体的になると考えよう。「抽象のはしごを下る」例をあげてみよう。
　海外で，現地の人と話していると，Where do you live in Japan? と聞かれることがある。その時に，I live very far [near] from Tokyo. と答えたとしたらどうだろう。抽象度が高く，「抽象のはしご」の上段にいることになり，相手はあなたの町（例えば，長野県小諸市）が日本のどのあたりにあるのか見当がつかない。そこで，I live about 200 km away from Tokyo. とか It takes about two hours by super-express train from Tokyo to my town. と説明すると，次第に具体化し，あなたの町の地理的な位置が一層明確になってくる。その外国の人が長野県の軽井沢町や上田市を訪ねた経験のある人だったら，My town is between Karuizawa and Ueda. と言えばますます理解が深まるであろう。「抽象のはしご」をどんどん下ったことになる。
　次にもう少し複雑な内容についての例をあげてみよう。
　モンゴルは，北部に山と森，中部に大草原，そして南部には砂漠と，3つの地域に分かれている。初めて日本を訪れるモンゴル人に，The nature of Japan is beautiful. と説明しただけでは，抽象的で「自然の美しさ」は十分理解してもらえないだろう。そこで，やさしい英語で「抽象のはしご」

を下ってみよう。

　（日本の地図を示しながら）In Hokkaido, there are mountains everywhere. Go to Tohoku, you will see forests all over the place. Visit Kyoto and Nara. You'll never miss trees. Kyushu and Shikoku have lots of high mountains. In spring, those mountains are just green. In autumn, go to Hokkaido, go to Nagano, go to Kyushu and you'll find the mountains covered with colorful leaves of the trees. The whole Japan is covered with red and yellow. <u>The nature of Japan is very beautiful.</u>

　「抽象のはしご」を下った後，最後にはしごを上ってみた（下線部）。教員が，常にやさしい英語で抽象のはしごを上り下りしていれば，子どもたちはたくさんの Input に触れ，理解力を高め，Readiness for production（発話の素地）が次第に築かれていくであろう。そして，このような指導をしている教員は，ますます英語の素晴らしい使い手となるであろう。

③　Redundancy について
　「多様な発想による説明をする」ことが Redundancy の方法である。
　一つの事柄の意味を伝えるのに，同じ内容を表すさまざまな英語表現を用いる（rewriting）だけでなく，発想自体を変えて話すように努めると，理解を一層容易にすることができる。次に具体例をいくつかあげてみよう。

≪発想を変えて話す方法≫
　　America is a very large country.
　上の文の意味を発想を変えて伝えてみよう。英語に触れながら意味をさらに深く理解することができるだろう。
　まず，「space の視点から」話してみよう。
　　America has 50 states. One of them, California, is almost as large as Japan. Last year I went to America by jet. From Narita to Alaska, it took seven hours and I was surprised to know it took about the same time from Alaska to Chicago. How large America is!

次に「time の視点から」表現してみよう。

It is one o'clock in the afternoon in Nagano. What time is it in Sapporo? It is one o'clock. How about in Okinawa? It is one o'clock too. Time is the same everywhere in Japan. Japan is a very small country.

School children in New York City take lunch at 12:30. What are the children in Hawaii doing at that time? They are having breakfast at home.

≪視点 (point of view) を変えて話す方法≫
　同じ事柄や出来事を異なった視点から話してみよう。内容理解が一層深まるだろう。また，同じ事柄や出来事を話題にしているので，同じ単語や表現が繰り返し用いられるため，生徒たちにとって理解しやすく，また理解も深まるであろう。次の例を示す。

[視点 1]　Mr Johnson の経験した出来事 (客観的な視点から)
　Mr Johnson lives in London. He likes dramas [plays] very much. He often goes to the theater. Last night, he went to the theater to see a play. He enjoyed the play very much. A little later, a young couple entered the theater and sat down just behind him. Soon they began to talk loudly. Mr Johnson didn't enjoy the play. He was very angry, turned around and said to the young man, "I cannot hear a word!" The young man said to Mr Johnson, "It's none of your business. This is a private conversation."

[視点 2]　若者の視点 (立場) から
　My name is George. Last night I had a terrible time. I took my girl friend to the theater. The play had already started. Luckily, there were two empty seats. This was my first day with her and so I wanted to ask her many questions. Soon I began to talk to her.
　Sometimes an old man sitting just in front of us looked back at us. He tried to listen to our conversation. A little later, he turned around and said to me very angrily, "I can't hear a word!" "He is a

crazy man. Why does he want to listen to our conversation?" I just wondered. I said very angrily, "It's none of your business. This is a private conversation!"

④ Repetition

　必要とか大切と思われる表現や内容は，意図的に繰り返し使うことをお勧めしたい。いわゆるパタン・プラクティスのような機械的で，場面と無関係な単なる Repetition のことではない。そのような Repetition も必要ではあるが，ここで言う Repetition は，特定の場面の中で，意味のある英語の使い方を指している。目標が音声であったり，語句であったり，文法項目であったりさまざまであるが，次の例を見てみよう。

　　例：お話（story）の中で，目標の文を頻繁に使う場合
　　　　お話の話題　　：Christmas present in my country, Canada
　　　　目標とする文：What do you like?

　　My name is Gregory White. I'm from Canada. My family lives in Japan now. I have a son. His name is John. He's ten years old.
　　Now, Christmas is coming soon. Do you get Christmas presents from your parents? What do you like for your Christmas presents? I ask my son before Christmas day, "What do you like for present?"
　　He likes books. I am going to give him books about fishing. I'll put the presents under the Christmas tree. Does your father ask you? "What do you like for Christmas present?"
　　At night, Santa comes and puts his presents under the tree. I put some present for Santa too. What does he like? Do you know? He likes milk. Before my son sleeps, he puts a bottle of milk under the tree. He finds the bottle empty in the morning. What does Santa like in Japan?

　カナダの興味深い話を聞きながら，生徒は知らず知らずのうちに，What do you like? を繰り返し耳にしていることになる。

⑤　Interaction

　生徒の興味・関心を維持し，積極的にコミュニケーションに関わろうとする態度を涵養するためには，Interaction のあり方に工夫を凝らさなければならない。そのためには，次のような考え方が大切である。

≪ Interaction の基本的な考え方≫

　英語教員は ALT とともにできるだけ英語を多用するようにするが，生徒には話すことを強要してはならない。ただ，生徒が自然発生的に発話するのを妨げてはいけない。

≪ TPR (Total Physical Response) を活用する≫

　従来，無造作とも言える仕方で行われてきた Q-A 活動は控えめにしたい。その代わりに，教員が英語で指示を出し，生徒に頻繁に行動(physically respond)させること (TPR) を勧めたい。このような活動は，聞く力を育成するのに大変役立つだけでなく，コミュニケーションにとって必要な quick response が身についてくる。Stand up. / Make groups of four. のような単純な活動だけでなく，慣れてくると，かなり複雑な行動もできるようになる。例えば，辞書を使って特定な単語をノートにコピーする作業を，次のように指示する。最初，生徒は英語を発する必要がないので，比較的リラックスして教員の英語を理解しようとするだろう。

　Today you are going to use your Japanese-English dictionary. So, put it on the right-hand corner of your desk. First, you are asked to find an English word in your dictionary and copy that word in your notebook. Please open your notebook. Are you ready? Find the English word for "韓国" and write it in your notebook.

≪「正確さ」よりも「口のすべり」を大切にする≫

　十分に listening ができた頃を見計らって，単語や英文を言わせる。その際，発音についての厳しい指導は避けることも必要である。例えば，前記の作業 (辞書引き作業) の後，Tell me the spelling of the word. などと質問したり，次のような活動をさせるなどして，徐々に英語の部分を増やしていく。

Now, make a pair with your friend sitting next to you and tell him or her the new word.

　次の例も参考にしてほしい。

　Now, let me ask you a question. When is your birthday? I say the month of the year, January, February, March, etc. When I say your birthday month, please raise your hand. Are you ready?

　生徒は，January, February などという教員の英語を聞いて，自分の生まれた月に挙手をする。英語を話す必要はない。(教員は，April, October, …などとランダムに発話する)⇒(次に，one word 程度の返答を要求する) Now, everyone, I'll say, "When is your birthday month?" Please say your month. Are you ready? When is your birthday month? (生徒は口々に，October, March などと発話する) Masao, when is your (birthday) month? (と個々の生徒に聞いてもよいだろう)⇒(次第に少しずつ長い oral response を求めてみよう) Well, everyone, please ask me my birthday month. Are you ready? One, two, three, now. (個々の生徒に当てて質問させてもよいし，友達同士で When is your birthday month? と聞き合うこともよいだろう)

⑥　Expansion

　生徒の発話は不完全なものが多い。生徒が当惑したり，不安な気持ちになったりしないように配慮して，それとなく修復しよう (Recast と呼ばれるフィードバックのことである)。

　What is the season in Australia now? と問いかけると，生徒は，Summer. のように1語で答えたりするだろう。時によっては，Yes, it is summer in Australia now. などと拡張してやることも Expansion の一つである。

⑦　Reward

　生徒の発話や反応 (response) に対しては，常に温かい励ましの言葉を忘れないことが大切である。また，いつも "Good." "Excellent." "Good job." などの決まり文句だけでなく，"Your choice of words is good." などと，できるだけ具体的に評価することが肝要である。

第3章　中学校英語教育の質的向上のために

≪「励ましになる褒め言葉」についての留意点≫
　主な留意点が2つある。その一つは，教員の意図が漠然としていて，生徒にとっては，何を褒められたのか明確でない場合が多い，ということである。教員としては，生徒のどういう点を褒めたかったのか明確になっている必要がある。例えば，解答が適切だったのか，発音が優れていたのか，声が大きく聞きやすかったのか，ジェスチャーが明確で妥当だったのか，表情が発話とマッチしていたのか，アイコンタクトがしっかりできていたのか，友達との協力関係や，積極性が好ましかったのかなど，できるだけ生徒にも教員の意図（気持ち）が明確に伝わるように心がけたいものである。
　評価したいと思う点を子どもたちに明確に伝えるために，どのような英語表現を使うべきか。これがもう一つの問題点であり，次に簡単に触れてみよう。

≪さまざまな励まし（Reward）の方法≫
　解答や反応が優れていて，簡潔に褒めて励ましたいとき，Good job. の他には，例えば1語で表す場合，Good. / Right. / Great. / Excellent. / Wonderful. / Exactly. / Perfect. / Super. / Tremendous. / Marvellous. など，多様な単語を使うようにしよう。また，sentence を使って，例えば，場面に応じて次のような表現も使ってみたい。

　I like your answer. / Your answer is very clear. / I agree with you. / Your eye contact was perfect. / When you speak, you always look at your friends. I like that. / You often use English with gestures. That's good. / You always watch my mouth. That's very important.
　Your English is easy to understand. / Your English is just perfect. / Your English rhythm is excellent. / You speak English with beautiful accent. / Americans can understand your English very easily. / You speak slowly but we understand you very well. / You did a good job.
　You worked well with your friends. / You were of great help to your group, thank you very much. / You are a good communicator. / You can communicate very well in English. / Everyone likes your

answer. / My question was difficult but you answered very quickly. Quick response is very important.

　励ましたいときに使う表現をランダムにあげてみた。この他に，状況や個々の子どもに応じるような無数の表現がある。普段から，できるだけ，自分の気持ちを率直にぶつけることのできる表現を工夫するよう努めたい。英語が不得手，などと言わず，「教室が道場」と考えて新しい英語の表現を考えてみよう。

◆引用・参考文献◆
Krashen, S.（1985）. *The Input Hypothesis*. London: Longman.
渡邉時夫・酒井英樹・塩川春彦・浦野研（編）（2003）『英語が使える日本人の育成―MERRIER Approach のすすめ』三省堂
渡邉時夫（2012）「長野県内中学校アンケート調査」

3-7　Intake Reading のすすめ

1. はじめに

　Intake Reading という教え方について聞きなれない方もおられるだろうと思う。また，かなりの実践を積み上げてこられた方もおられると思う。ここではスタートから説明させていただき，皆さんの教え方の中に加えていただければ幸いと思う。

2. 言葉の習得の 2 つの大きな教え方の流れ

(1) 1 つ目の流れ

　このやり方は，言葉について日本語で説明しながら例文などを示しつつ進めていく方法である。この方法はどちらかというと従来多くの教員がやってきた方法である。生徒は，知識として文法その他の解説を十分に聞くことになる。

　この方法の欠点をあげるとすれば，まず難しい文法説明にぶつかり，「自分は英語の授業を受ければ英語が話せるようになるんだ」という期待が裏切られること，そして難解な英文法の説明で，多くの英語嫌いを作ってきたということである。毎年英文法を解説している教員にとっては，英文法は難しくないかもしれないが，はじめての生徒にとってはわかりにくく面白くないのである。さらにその上に，こういう授業から得た知識だが，実際英語のコミュニケーションの中ではとっさの役には立たないことが多く，間違った文を話したり書いたりということは頻繁に起こっている。教員から間違いを指摘されても，同じ文型の別の文になるとまた間違いが出てくる。まとめると，日本語を使っての教員による英文法の説明はそれほどの力を発揮しない。そういうことがわかってきたから，文部省（当時）は高等学校の授業から英文法の教科書を出さないことに踏み切ったのであろう。にもかかわらず市販の文法書を買わせて，それにより従来型の授業を行っている教員が少なくないのだ。

(2) 2 つ目の流れ

　Input を重視する Natural Approach の系統である。この Approach を唱道した Krashen の The Natural Order Hypothesis（自然習得順序仮

説)から学べることは多い。要するに，この方法は子どもが自然に言葉を習得していくプロセスを重んずる。ご存知のように，子どもは言葉の習得過程で間違いはするが，習得してしまえば基本的には正しい表現で言葉を使う。例を1つだけあげよう。私の息子は幼い頃「てくぶろ」と言っていた。「手袋」のことである。気にもしないでいたが，いつの間にか「てぶくろ」と正しくなっていた。こうなったらもう間違うことはない。まわりの大人に「てくぶろ」と言っている人はいない。それを聞き続けている間に自然に「てぶくろ」と正しい発音になったのだ。「てぶくろ」という Inputによって「てぶくろ」となる。だとすれば，Input の果たす役割は大きい。そういう方向での教室での教え方はできないものか，ずっと考えてきた。その方法をこれから紹介する。本格的には『生徒の間違いを減らす英語指導法—インテイク・リーディングのすすめ』(三省堂，2011)の中で紹介した。

　間違いを「どうでもよい」というように見過ごすのは考えものなのである。バトラー後藤裕子先生の著書『日本の小学校英語を考える』(三省堂，2005)から引用してみよう。

　「英語を母語とする子どもたちは，ほぼ4歳ごろまでに冠詞の基本的な使い方を習得すると言われている (Maratosos, 1967)。つまり，英語を母語とする者(ネイティブ・スピーカー，NS)にとっては，言語表現に数の概念をくっつけることが必須であり，これが欠けていると非常に不自然に聞こえる。時には大きな誤解のもとにさえなりうる。『ノン・ネイティブ・スピーカーの子どもの英語を初めて見ることになった時，冠詞や複数の"-s"の落ちた生徒の作文を読んで，何かこの子には知的な障害があるのかと思ってしまったことがある』と言っていたアメリカ人教師もいた。」

　子どもが(そして日本人の大人も)簡単に間違えやすいところがネイティブ・スピーカーにとっては「知的障害があるのではないか」と考えさせるほど大きく重いものだということだ。

3. 中学生のおかす誤り

　中学生の書いた英語をいくつかあげてみよう。

　　　　・I was surprised because junior high school big.
　　　　・I was happied because enjoyed every day.
　　　　・I was tennnis club.

・So, play tennis enjoy.
・I'm going to take you to a Itami grandmother home is going.
・Osaka is *takoyaki*.
・Osaka is *Okonomiyaki* too.

　こういう例はいくらでもあげることができる。上の例文でいくと，日本人の英語教員なら，それぞれの英文で生徒が何を言いたいのかを推測することはむつかしくないだろう。しかし，英語教員としてはこのままにしておくことはできない。
　大切なことは，

　　　　　Osaka is famous for *takoyaki*.

と書ける生徒を育てることである。
　上のような生徒は，学校の英語の授業では「主語の後に動詞がくる」とか，「英語には必ず主語がある」などという説明を，日本語で受けているはずである。
　しかしながら，こういう英語を書く生徒はたえず出てくる。私は中学校で英語を教えてから50年ほど経つが，こういう間違いが減少したという実感はいまだに得ていない。読者の皆さんと極力協力しながら，なんとかしなければならないという実感はずっと持っているのである。

4. Intake Reading はこうする

　中心となる学習活動は次の通りである。

生徒A ↔ 生徒B

① 　生徒をペアにして発音させる。
② 　生徒Aがある英文をテキストを見ながら読み上げる。
　　生徒Bは何も見ないでそれを聞き，repeat する。
③ 　続いてA, Bは役割を交代して同じことをする。

Intake Reading のやり方はここからスタートする。

私は各地でIntake Readingのやり方をワークショップとして実施してきた。その場合，ワークショップに参加しないで後ろに座って見ていただけの人はほぼ100％このやり方を誤解する。「何だこれは。単なるrepeatで音読しているだけではないか！」と言う訳である。全然違うのである。これは今はやりの音読の練習ではない。しかし実際に参加し，経験した人は「ずしり」としたものを感じる。参加者の声を紹介しよう。私がIntake Readingについて出版した単著の中には数多くの教員方のコメントが載っているが，その中から2名のコメントを紹介してみたい。

Intake Readingの試み

　月曜日の授業で，早速Intake Readingを実践しました。中学3年生の40人のクラスで，教科書1ページ分をペアで取り組ませました。今日まで3回試みた中で見られた，生徒たちの大きな変化について述べます。
① 各ペア活動の前に，まず自分だけでどんどん個人練習を始めた。つまり，友達のために正確に発音ができるよう，かなり努力するようになった。休み時間に発音の仕方を教え合う姿さえ見られるようになった（大変嬉しいです）。
② 本当に全員が読んでいる。
③ 会話の台詞の部分において，感情移入し，わかりやすく伝える生徒がいる。
④ 小さなミスもできない，という緊張感が生まれる一方で，実に楽しそうにペアで取り組んでいる（ペアは原則として隣同士の男女です）。
⑤ 頭のなかでストーリーの内容を追いながら，つまり，理解した上でプロデュースしているのがわかる。
⑥ 中には暗唱してしまう生徒もいる。
　この音読方法は，生徒一人ひとりにとって，とても新鮮で集中力が高まったようです。その後の内容理解を確認するワークシートの正答率もよく，効果が顕著に見られました。今後は暗写も取り入れ，継続して取り組んでいきたいと思います。

(Aさん)

生徒は，Writing や Grammar に関して弱いところがあり，9月末に行われる定期テストでも「日本語から逃れられない」文を作成する生徒が多く見られ，ちょうどどうしたら「文法を定着させていけるのか」ということを思案していた状態でした。
　これまでも「音読」は重要だと考えておりましたが，どのようなものが「効果的な」音読活動なのか，まだ自分の教授法の中でまとめきれず，試行錯誤の状態でしたが，今回 Intake Reading で，「正しい英語」の定着が図れるのではないかと思われます。
　今週の授業でも，Intake Reading の序盤である「読み合い」のみを行ってきました。どこまで生徒たちがきっちりお互いをチェックできているかはわかりませんが，この方式で続けていけば，「音から入る英語」で「正しい英語」を生徒たちの頭の中に定着させることが可能だと思います。　　　　　　　　　　　　　　　　　　（U さん）

　これらの教員方におこなったのは，90分1コマでの Intake Reading のワークショップだった。私がコメントを読んで感じたのは，Intake Reading の最初のところだけをやられたようで，Intake Reading の全体像がまだ頭に入っていないかも知れないと思った。その部分を抜かすとやはり力はつかないと考えている。

5. Intake Reading は今までのやり方とどこが違うのか
　Intake Reading のやり方を実践するにあたり，「基本となる考え方は Krashen から学んだ。それは「natural な言語習得を経験して成長した人間は基本的な間違いをしない」ということである。教え方の2つの流れの中で述べたように，ちゃんとした英語を書いたり，話したりできることが最終的なねらいだ。「日本語による説明を受けて育った生徒からは，相も変わらず Doutonbori and Nanba are dating. などという文が出てくる。
　これはある中学生が高校入試で書いた文である。「道頓堀と難波で人々はデートしている」と言いたかったのであろう。これでは笑い話だ。道頓堀と難波という街同士がデートするなどということは絶対ないからだ。People are dating in Doutonbori and Nanba. と書く生徒を創りたい。
　そういう方法はないかとずっと考えていた。

日本にいてアメリカで育つような英語環境というのは，特別な場合を除いては不可能だ。ましてや，全国の公立や私立の中学校や高校で行われている授業では不可能だろう。

　それと同じようなことはできなくとも，それに近い方法はないだろうか。私は英語の或る体験でピンとくるものがあった。それを普通の学校で使えるような形でできないかと考え続けて，1つのパターンを作ってみた。これが Intake Reading の始まりである。兵庫県のある地域には毎年研究会に講師として呼ばれたこともあり，比較的他のところより Intake Reading について回数多く話す機会があった。その市内の全中学校において，英語平均得点率が全国より下だったが，ある時から上回るようになった。これは，その地区の教員の熱心な指導があってのことだとは思うが，Intake Reading の効果も関係していると考えられる。

　Intake Reading はそのやり方のスタイルのせいで，一見した人はほとんどの人が音読指導だと考えがちだが，私は，中心は正しい意味での文法指導だと考えている。文法が正しく身についていなければ Speaking や Writing が正しくならない。私は日本語で延々と説明する代わりに，Intake を重視するやり方で，文法的に正しい文が書ける生徒を育成したいと願っている。

6. Intake Reading の具体的進め方

　次のステップを踏んでいく。

1st step

① まず，教科書の本文を正しく音読できるようにすること。
② 音読した英文の意味内容をきちっと理解していること。この 1st step はきちっとできているか。その上にたって 2nd step に進むこと。

2nd step

　ここは Intake Reading のメインパートで前述したところだ。
① 生徒 A，B をペアにして立たせる。

② Aの生徒が，指定されたある英文をテキストを見ながら音読する。
③ Bの生徒はその音声だけを聞きつつ，テキストを見ないで正確にリピートする。
④ Bの生徒がどこか1カ所でも間違えれば，Aの生徒はストップをかける。複数の"-s"でも過去形の"-ed"でも抜けていたらそこでストップをかける。ストップをかけられたら，Bの生徒は正しい文を思い出しながらリピートする努力をする。
⑤ それでもBの生徒がどこを間違えたかわからなければ，Aの生徒は相手が気づくまで正しい文を読んで聞かせる。

2nd stepのやり方を成功に導くためには，1st stepの「正しい音読ができること」と「その意味内容の理解」が土台となるのである。指定する英文については，下記に留意しながら教員が決めるとよい。

(1)「量」について
① 量の視点から言えば，生徒が今日学ぼうとするページから1 sentenceだけでもよい。
② 力がつけば全ページを取り上げることもできる。つまりIntake Readingは，生徒の力をよく見て教員の判断で1 sentenceから始めて少しずつ増すこともできる。生徒の力を一番知っているのは担当している教員である。自信を持って判断し，進めてほしい。

(2)「質」について
① そのページで一番生徒の心を打ちそうな文，または教員の心を感動させそうな文を選んでよい。英語の世界にも珠玉のような言葉を発している人は多くいる。そういう文も積極的に紹介しようではないか。
② 基本文の定着…*New Crown*（三省堂，2012）を例に説明したい。なお，*New Crown*の各レッスンの構成は，主に2つのブロックから構成されており，文法を習得するためのGET（30語程度の英文，基本文提示，文法の練習）と，習得した文法を活用するUSE（言語活動：Readとそのほかの技能）があり，そのあとに文法の要点のページが用意されている。*New Crown* 3, Lesson 6のGETには次の基本文が示されている。

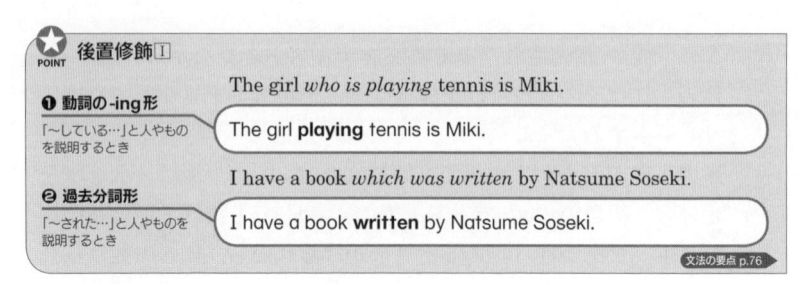

> ★ POINT 後置修飾①
>
> ❶ 動詞の -ing 形
> 「〜している…」と人やものを説明するとき
>
> The girl *who is playing* tennis is Miki.
> The girl **playing** tennis is Miki.
>
> ❷ 過去分詞形
> 「〜された…」と人やものを説明するとき
>
> I have a book *which was written* by Natsume Soseki.
> I have a book **written** by Natsume Soseki.
>
> 文法の要点 p.76

ここでは基本文は，まとめると，

① 動詞の -ing 形の The girl playing tennis is Miki.
② 過去分詞形の I have a book written by Natsume Soseki.

の２つである。(下線は筆者)

これらの教科書の文を target にして Intake Reading をやり続けると，生徒は自然に中学校で習得すべき指導要領に示されている文型をマスターすることになる。しかも右下の隅に，小さな文字で「文法の要点 p.76」とある。そこを開くと次のようになっている (Lesson の「まとめ」)。

後置修飾

●「〜している…」と人やものを説明するとき（動詞の -ing 形） GET Part 1 ❶

The girl **playing** tennis is Miki. (テニスをしている女の子は美紀です。)

名詞(人・もの) ＋ 動詞の -ing 形 〜

「〜している…」と人やものの状態などを説明するときは，＜名詞＋動詞の -ing 形＞を使います。
動詞の -ing 形 (playing) は名詞 (the girl) を後ろから説明しています。

●「〜された…」と人やものを説明するとき（過去分詞形） GET Part 1 ❷

I have a book **written** by Natsume Soseki. (私は夏目漱石によって書かれた本を持っています。)

名詞(人・もの) ＋ 動詞の過去分詞形 〜

「〜された(されている)…」と人やものの状態などを説明するときは，＜名詞＋動詞の過去分詞形＞を使います。この過去分詞形 (written) も名詞 (a book) を後ろから説明しています。

> 動詞の -ing 形や過去分詞形を名詞の前に置いて説明する表現もあるね。
> Do you know the running girl? (あなたはあの走っている女の子を知っていますか。)
> His brother bought a used car. (彼のお兄さんは中古の車を買いました。)
> Lesson 4 GET Part 2

文法の説明のページを開かせて生徒に読ませながら，教員が口頭説明すると教員の手間が省ける。なお，生徒が慣れてしまったら，この欄は自学自習の時の参考にするように指導するとよい。

7. 学習の規律

このことは本当に重要なのだ。こういうことである。生徒はペアでIntake Readingをやっている。終わったペアは座ってよいことにしている。

まわりの生徒が座り出すと，自分たちのペアがIntake Readingが終わっていないのにもかかわらず，まわりを見渡してそっと座ってしまう生徒が必ずいるのだ。それを見逃してはいけない。見逃すということは「あの教員の言うことは適当に聞いていればよいのだ」というメッセージを送っていることと同じだ。そこから学習の規律というものが崩れていく。一度崩れ出したらその後の授業の試みは何をやっても効果が上がらない。学級崩壊などというのも，学習の規律の崩壊から発生する場合だってあるのだ。私はIntake Readingの解説をしながら，最初の段階では「正しく読めること」をあげた。それは何も特別な要求ではない。常日頃英語の時間にきちっとさせなければならないことではないか。Intake Readingの実践をきっかけとして，常日頃の学習規律の基本的な重要性を考え直してみようではないか。

8. 脳の活動について

私は，脳とはどういう時に「文を記憶せよ」という命令を発するのか，脳について考えてみた。

「文を記憶する」ことについて，

本を見る → その本を伏せる → 本文を思い出して声に出して言う
　　　　　　　　　　　　　　　（これはread and look up）

ということが体験的に相当の脳の力を必要とすると感じていた。

ここ10年ほど脳の活動が少しずつわかってきている。1980年代の後半には，脳が活発に活動すると脳の血流に速さが加わってくることがわかった。それまでの装置は現在のMRI装置のような円筒形をしており，被験者はその中で横たわり身体を動かせない状態で，脳の活動を調べていた。その後，「光トポグラフィ（近赤外光計測）」という測定法が開発され，頭

にかぶせるだけの装置となり，ある程度身体を自由に動かせるようになった。この装置は 1990 年代から実用化され，被験者にいろいろやってもらいながら脳の活動が目で見えるようになった。この測定法と装置の開発によって，脳科学の研究が進んできている。そういうなか，私は，脳科学者の川島隆太氏，茂木健一郎氏らのそれぞれの光トポグラフィを用いた実験の中で，被験者となった学生の脳が活発に活動する場面を見た。その場面とは，

　　ある文を見る → 見たらその文の書いてあるページを伏せる →
　　したがってその文は見られない → 見ないで思い出して書こうとすること

であった。

　今回紹介している Intake Reading は，

　　相手の言っている文を注意して聞く → その音声を文字を見ずに再現する

というものだ。

　　文を見る → Repeat するために 再現する というこの 再現する にポイントがある。再現する があるから，脳はその文を記憶しようと強力に動き出す。

　私は「文を記憶する」方法が Intake Reading であると考えた。

　さらに，Intake Reading は，必ず自分とペアになる相手がいるところがポイントである。光トポグラフィを用いた実験でも，「目線を合わす」「話しかけた相手の反応がある」ことで，脳が活発に反応していた。

　これを教室の状態で言うと，教室の中が活気づき，1 人 1 人の生徒が意欲を持って Intake Reading に参加するということになる。このことがきっかけとなって，やがて生徒が英語を好きになるということにつながるのではないかと期待したい。

9. 男女の座席の配置

　最近，私は教育委員会の委託により，現場の教員を研修生として毎年 1 人ずつ指導した。教員方は小，小，中，高という順序で，それぞれ現場を離れて 1 年間私の大学での授業のすべてと大学院の授業に参加した。2 年目の K 教員は小学校担当のベテランの女性の教員であった。彼女は荒れたクラスを乗り超えてこられた経験を持つ。ある時 K 教員は何気なく「男子と女子の仲のよいクラスには荒れたクラスはない」と言われた。K 教員の授業を拝見するために彼女の教室に出かけてみた。

まず，机の配置を見ると次のようになっていた。

```
      男 女
    男 女 男 女
      男 女
```

机の配置は，女子生徒からすれば四方は男子生徒に囲まれ，男子生徒からすればやはり四方は女子生徒に囲まれているではないか。学習活動の中でもたえず男子生徒は女子生徒と話し，女子生徒は男子生徒と話さなければならないことになっている。

そこに，男女の生徒の間にコミュニケーションが自然な形で生まれてくる。私は早速大学で応用させていただいた。4月新年度のクラスでは，教室に最初に行ったときはどうしても男子学生は男子学生と，女子学生は女子学生と座る傾向にある。私はそういうとき「これはだめだ。このクラスでは4人単位で英語での discussion をする。トピックの中には『家事は女性が分担するのか，男性が分担するのか』などというものもある。4人のグループが男だけ女だけでは議論が偏る。両性のいるグループで discussion する必要がある」と述べて，その場で私の方から席替えを指定した。別に文句もなく従ってくれ，今のところ和気あいあいの雰囲気が続いている。

10. ショートテストの必要性

Intake Reading のショートテストは，これもまた要（かなめ）として重要である。Intake Reading は音声から始まる。しかし，音声で練習したものを本当に定着させるためには，その文を書かせることがきわめて有効である。これにも2つの方法がある。

・1番目は，教員が読み上げた英文を正しく書くということである。これは初級編である。いわば dictation だ。
・2番目は，教員が日本語で言った文を生徒は英文に直して書くことである。

高校になったらすべて2番目でやってほしい。中学校でもあるレベルからそちらに移したほうがよい。その理由を説明しよう。

なぜ和訳を与えてその英文を書かせるのか。
　最初から英文を読み上げて英文を書かせては悪いのか。

≪筆者の考え≫
　これと同じ質問がネイティブ・スピーカーから出たことがある。恐らく日本語によく通じていないALTは，「日本語訳を与えるのが面倒だ」と思ったのかも知れない。その時は，大学で教えている人も含めて，すべてネイティブ・スピーカーの集団に講演を頼まれた時であった。私はネイティブの質問を聞きながら，心の中で「わかってないなぁ」と思ったのを今でもはっきりと覚えている。
　例えば次のような例文があったとする。
　　・I went to the post office near my house.
　　・I bought 120-yen stamps.
　この文を読み上げて生徒にそのまま書かせるのはdictationである。dictationは生徒がこの文の全体の内容がわからなくともIとかpost officeとか，houseとかboughtという単語が聞き取れて，そのスペリングがわかれば正解が書ける。もう何十年も前のことになるが，「dictationがきちっとできれば，これは生徒の力が出来上がっていることを示す」というような意見を聞いたことがあった。ネイティブ・スピーカーから出た意見だったと思う。私はこの考えに疑問を持った。高校で教えていたころだが，上にあげたような英文を私が読み上げてdictationをさせた。スペリングなど間違えた生徒もいたが（boughtをboatと書いた生徒がいた），おおよそ英文の形になっていた。
　しかしこのあと私がIf you give a 5,000-yen bill to the shopkeeper, how much change will you receive?と聞いてみた。5,000-yen billは日本語で5,000円紙幣と教えたが，大部分の生徒はぽかーんとしているだけだった。正解を出した生徒はきわめて少数であった。その時から私は，dictationによって出された英文を正しく書ければ，意味内容も完全理解している，という考えに疑問を持ち始めた。考えてもみてほしい。聞こえる英文を正しく書写するだけで，日本文の意味する内容を全て正しい英文に直せるだろうか。
　ここに英語と日本語の違いを書いてみよう。

①　文型が全然違う。

　英語で「君のクラブは？」と言われて,「私はテニスクラブです」と言うつもりで I am tennis club. と書いた生徒がいる。

　この英文は正しい英文ではない。つまり英語の文型がまだ習得されていないことを示している。

②　be 動詞の欠落
英語には be 動詞がある。
次の英文も生徒が書いたものである。
　My father name Satoshi.
もう少し高度な文
　I was surprised because the junior high school big.

③　主語の欠落

　I was happy because enjoyed every day.（正しくは I was happy because I enjoyed every day.）

④　英語は数を決めないと書けない。
　I like dog.
　これは最近小学校の授業でよく見かける間違いである。数のない dog は物質名詞となり「犬の肉」という意味になる。本当は「犬が好きだ」と書きたいのなら，I like dogs. である。I like dog. では「犬の肉が好きだ」となってしまう。

⑤　英語は時制を考えないと文が作れない。
　I go to Tokyo last year.

　①〜⑤などという誤りを生徒はしょっちゅうする。教える方としても覚えがあるのではなかろうか。今までのことを図に明示すると次のようになる。

日本人が正しい英文までたどり着く上で越えなければならない障害

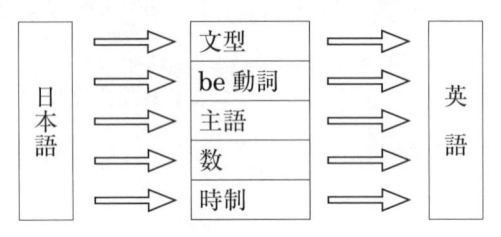

```
         ┌→ 文型    →┐
         ├→ be動詞  →┤
┌───┐    ├→         →┤    ┌───┐
│日 │ → ├→ 主語    →┤ → │英 │
│本 │    ├→         →┤    │   │
│語 │    ├→ 数      →┤    │語 │
└───┘    └→ 時制    →┘    └───┘
```

　少なくとも5つぐらいの障害物を越えて，日本語からスタートして英語らしい英語に到達しなければならない。何も知らない人間が，異言語に行き着くまでには，このようにいくつかの障害物を乗り越えてゴールにたどり着くというプロセスが隠れている。言われた通り，dictationの場合のように，聞こえてくる音を文字にしていればそれでよい，などという簡単なプロセスではないことはわかってもらえただろうか。

dictationの場合

```
         ┌→ 音を聞き取る力       →┐
┌───┐    │                          │    ┌───┐
│日 │    │                          │    │英 │
│本 │ → ┤                          ├ → │   │
│語 │    │                          │    │語 │
└───┘    └→ 正しいスペリングで   →┘    └───┘
             書く力
```

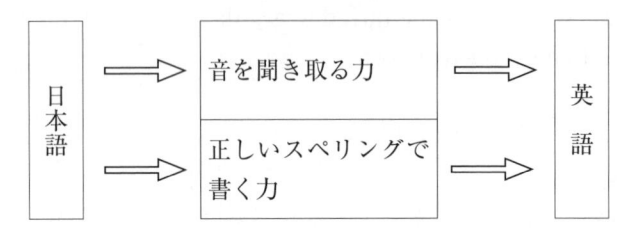

　だとすれば，dictationをいくらやってもそれほどの効果はない。dictationでは，日本語から英語に到達するまでの，文型から時制に至るまでの障害物を乗り切る力は要求されない。音を聞き取る力と正しいスペリングを覚える力は要求されるだろうから，音を聞き取る力と正しいスペリングを覚える力は伸びるだろう。ただそれだけできちっとした英語の文が書けるという保障はない。

11．ショートテストの具体案

　ショートテストへ入ろう。まずIntake Readingのやり方は，学習者が正しい文を記憶する際に大きな力を発揮するということである。それは，頭の中ではいわば脳の力を最大限に発揮しなければならないからである。ショートテストは，そこで得た成果を書くことによって駄目押しをして確認する作業である。それをほぼ毎時間続けることによって，今まで示して

きたような間違いを書く生徒を減らそうという教え方である。
　ショートテストの用紙は次のような簡単なものとした。

```
(　　)月(　　)日

Name (　　　　　　　　　　　)

　　　　　　　　　　　　　点数 [　　　]
```

12. 採点方法
（1）採点方法①——10 or 0
　テストの評価としては，下記のような積算表を勧めたい。
　また，1回ごとの満点を10点とし，1つでも誤りがあれば0点とする。その教育的効果については後述する。
　ある生徒の4回の評価結果と合計点の例を示すと下記の通り。初回が満点，2回目と3回目が0点，4回目が10点，とすると，成績表は下記の通りとなる。次の表をご覧いただきたい。

No.(　20　)　　Name　(　富士三太郎　　　)

ショートテスト積算表

月	6	6	6	7	合計
日	10	17	24	1	
点数	10	0	0	10	20 / 40

　合計欄の分母は「10点×回数」で，分子は「実際に10点をとった回数×10点」となる。自分の努力のあとがはっきりわかる。その結果，私が実験対象としている大学生でも，真剣さが増し，英文は一挙に正確さを増した。すでに引用した教員のコメントにも見られるように，Intake Readingの効果は，中学生にも表れている。

(2) 時々積算表を新しくする

　ショートテストの表は 15 回程度で 1 ラウンドとして，次に新しい表を渡す。そしてスタートから記入させる。これは最初の頃つまずいて点数のあがらなかった生徒でも「よ〜し，この次はがんばろう！」という気持ちに応えるためである。

　ところで，こんなことがあった。ある研究会に講師として呼ばれて Intake Reading の講演をした後，その県の指導主事から苦情が出た。「正答が 10 点で間違えば 0 点というのはいかにも差がありすぎる。これではできない生徒は救われない」というものであった。

　「授業を担当している教員が一番よく生徒の力を知っているわけだから，教育的に考えて，満点を 5 点とか 3 点に下げてもいい。独自に判断をしたらいかがでしょうか」と返事した。

(3) 評価法についての説明——なぜ 1 つでも間違うと 0 点にするのか

　普通，生徒の多くはテストの満点が 10 点だとすれば，1 つ間違えば 9 点とか，2 つ間違えば 8 点もらえるというやり方で育ってきたようである。そこに満点にならなければ点数にならないという結果責任の厳しさを押し付けた。その結果，冠詞の「a」一つにも注意し，時制にも注意し，文型にも注意し，数にも注意してショートテストに臨んでくれることを期待しているのである。これは私が教えている大学生に対しておこなった実践である。教え方は「結果が出てなんぼ」ではないか。

(4) 採点方法②

　ショートテストをやれば効果があがるのはわかっている。しかし，「生徒のショートテストを採点しているそんな暇はありませんよ」という声がすぐ聞こえてきそうである。中学校で仮に英語の授業を 4 クラス担当するとする。今は英語は週 4 時間だから，担当英語の時数は「4 × 4」で 16 時間となる。各クラスの生徒数の平均が 30 名とすれば，「30 名 × 16 時間」で 480 枚のショートテストの採点が待ち構えていることになる。教員は採点だけが仕事ではない。私も中学校で教えているときには同じ問題にぶつかった。ショートテストは続けたい。でも採点の時間がない。ではどうするか。

　第 1 段階は生徒に採点を任せる。これを A 方式と呼ぼう。クラスでは 2

人ずつペアで座っていた。今日は一番前のペアが採点係とする。私はそのペアに模範解答を渡すだけである。放課後その2人は，その日の採点を模範解答を見ながら級友のショートテストを採点していくのである。次の日はそのペアの後ろのペアが採点係となる。予想に反して生徒自身はこの採点という仕事をいやがっていないように見えた。少しの間だが自分たちも教員になったような気持ちを味わったのかもしれない。しかしすぐ問題にぶつかった。私は放課後，職員室で授業の準備をしたりクラブ（卓球部）の指導で体育館に行ったりしていた。ところが，しょっちゅう採点係の生徒が職員室にやってくる。質問である。「先生，この答えは正しいのですか，間違いですか」から始まり，次々と問題を持ち込んでくる。これは「きちんとやりたい」という彼らの責任感があるからであるが，こっちは予定していた仕事ができなくなる。私は「これじゃあ自分で採点したほうが早いではないか！」と思ってしまった。そういう経験があるから，Intake Reading を始めるにあたって次のように考えた。「1カ所でも間違えたら0点にする」。これは採点方式Bの始まりである。1つでも間違えれば0点とするやり方はどの生徒にも簡単に採点できる。正答を見ながら1カ所間違いがあったら「0（ゼロ）」とするだけである。残りは全部「10」である。

　ペアになった生徒で交換してすぐに採点させる。そしてペアの相手に採点済みのショートテストを返す。返された方は採点集計表に記入して終わり，ということで一件落着である。最後のテストに至る Intake Reading の一連のプロセスに慣れてくると，だいたい7分程度で終わる。生徒も慣れてくる。ついでだが，採点する方には「ペアの相手の間違いは必ず訂正して返せ」と言い続けている。訂正作業を通して採点する方としては，なお正しい英文を確実に記憶するという脳の活動をしているのである。一番大事なことは，教員と生徒の信頼関係である。採点する生徒の方に1人でもごまかすような生徒がいるようでは，この採点方式は成り立たない。

　教え方についても，何か問題にぶつかったら「考えに，考えて，考え抜け。何か方法は必ずある」と言い続けている。そして，教員の教え方が変わったときはあなたの生徒も変わるのだ。

　次に，最近書いた筆者の文を紹介する。

> 　新しい教え方に，教員がチャレンジするということは，教員自身が教え方を変えるということです。そのためには，教員が変わらなければなりません。教員が変わらないでいて，生徒が変わることは期待できません。今の時代では，
> 　「教えるということは，教員自身が変わること」
> というのが私の結論です。

13. まとめ
　今まで述べてきたことをまとめてみよう。

≪第1ステップ≫

> 　教科書の正しい読み方，内容を前提として，
> 　ペアで Intake Reading をやらせる。
> 　やり方は片方が文を読み，もう片方は何も見ないで repeat する。どの文を Intake させるかは担当の教員の判断でよい。

≪第2ステップ≫

> 　ショートテストを必ず実施する。
> 　1ページ終わるごとに実施をすればほぼ毎日となる。0点 or 満点方式。満点を何点にするかは，教員が決めればよい。

以上である。そんなに複雑なことではない。

14. 力をつけるために心得ておきたいこと
　Intake Reading は必ず文の最初からピリオドまでを対象とすること。

　例えば，This photo taken in 1962 shows a dark side of the story of the United States. を対象とした場合，かなりの教員はまず This photo taken in 1962 で1回区切って repeat させ，次いで shows a dark side of the story of the United States と repeat させる。
　このやり方が駄目なのだ。バケツの穴から水が漏れるというのはこうい

う場合である。なぜ駄目か。This photo taken in 1962 といきなり言われても，それを聞いた方にはすぐ意味が通じるだろうか。また，shows a dark side of the story of the United States だけで意味が伝わるだろうか。そういう断片的な句だけ聞かされても，聞かされた方は何のことやら意味が伝わらないであろう。もちろん教える方の言いたいことは「そんなこと言ったって，こんな長い文を最初から最後まで何も見ないでrepeatするのはとてもムリムリ」という声が返って来るだろう。

<u>次のような方式を勧めたい。</u>

　生徒が This photo taken in 1962 と repeat できるようになったら，生徒に This photo taken in 1962 shows a dark side of the story of the United States. と文の最初から文の最後まで repeat させるように持っていく。生徒へは絶えず「capital letter から period まで」と言い続けて訓練する。繰り返すことになるが，This photo taken in 1962 だけ言われても，聞いた相手は「はてな？」と思うだけだろう。capital letter から period まで行って初めて意味のあるコミュニケーションの文になるのだ。しかし実際の教室では，small group で区切っている教員が少なくない。その方が楽だからだろう。楽させるだけでは生徒に力をつけることはできない。途中で区切ったままにしないということは，Intake Reading 成功への第一関門であり，それはスタートの第一歩でもある。句だけで会話ができたり書けたりするわけではないからだ。バケツの底から水が漏れないようにするために生徒と一緒にがんばろうではないか。

15. おわりに

　Intake Reading について現在考えていることの解説を終わる。細かいことまで述べてきたが，私は次のように考える。

> 考え方の成功は細部の実践に宿る。
> 教育の成功は大きな考え方に宿る。

「大きなところ」について述べることはまた別の機会にしたいと思う。どうしても一言読者の皆さんに述べておきたい。もうずいぶん昔に聞いた話で誰が言っていたのかも覚えていないが，

> 社会を急速に変えたかったら政治家になれ。
> 社会を長期にわたって変えたかったら教育者になれ。

という言葉だ。

　私たちが育てているのは，次の日本を背負う若者だ。今はいろいろな面で日本の力に低落傾向が見えるのではないか。こういう時こそ皆さんと力を合わせて次の世代を担う人間を育てなければならない。あなたが教員になったとき，どんな心で教員になろうと志（こころざし）を持ったのか，もう一度思い出そうではないか。

　「心の底には常に熱い心を！」

◆引用・参考文献◆
川島隆太（2004）『天才の創りかた』講談社インターナショナル
バトラー後藤裕子（2005）『日本の小学校英語を考える』三省堂
齋藤榮二（2011）『生徒の間違いを減らす英語指導法―インテイク・リーディングのすすめ』三省堂

第4章

教科書を使っての具体的な指導

4-1　文字の指導

4-2　Listening の指導

4-3　Speaking の指導

4-4　Reading の指導

4-5　Writing の指導

4-6　コミュニケーションの指導

4-7　文法の指導

4-8　文化に対する理解を深めることについて

4-1 文字の指導

本節では，アルファベットの指導とフォニックスの指導について述べる。

1. アルファベットの指導

小学校の時に，アルファベットの音や形（大文字・小文字）にある程度触れている生徒に，アルファベットが組み合わさって語ができることを意識させることは重要である。身の回りのアルファベット探しの活動は，小学校の外国語活動と中学英語をつなぐよい活動である。

身の回りのアルファベットを探そう。
New Crown 1（三省堂，2012），Get Ready 3

集めた単語を，教員がアルファベット読みをするものとそうでないものに分類をしてみよう。CDやDVDは，アルファベット読みをする単語であり，VIDEOはそうではない。最初は，アルファベット読みをする語を読み上げてスペリングを示す。次に，アルファベット読みをしない語を読み上げてスペリングを示す。

| アルファベット読みをする語
例：CD, DVD, NHK | ⇒ | アルファベット読みをしない語
例：VIDEO, UNICEF |

生徒は，アルファベット読みをすればいい場合と，そうでない場合があることに気づくだろう。

アルファベット読みをする文字のかたまりが，なぜアルファベット読みしかできないかについて考えさせてみてもよいだろう。アルファベット読みをする場合には母音字がないこと，母音字がない場合にはアルファベット読みしかできないことに気づかせたい。生徒は，母音字の働きに気づくだろう。

従来の中学校の英語教科書では，アルファベットの形について，初期の段階では生徒が書きやすいような字体（下記の左側）を示し，ある程度の時期が過ぎてから複雑な形態の字体を示すことが多かった。

ABCDEFGH　→　ABCDEFGH
abcdefgh　→　abcdefgh

外国語活動で使われる *Hi, friends!* を見ると，書かせることを主としないためか，さまざまな字体を示している。そこで，中学校の初期段階では，教科書に沿って，手書きではどのような字体を書けばよいのかを，きちんと指導する必要があるだろう（本章4-5参照）。

なお，活字体と筆記体の扱いについて，『中学校学習指導要領解説　外国語編』（文部科学省，2008）では，「配慮事項」として下記の通り記述されている。筆記体の指導は，生徒に応じて実施してもよいということである。

> 文字指導については，アルファベットの活字体の大文字及び小文字の指導を基本とし，必要に応じて筆記体を指導してもよいということを示している。

2. フォニックスの指導

音とつづり字の関係について，明示的に指導するのが効果的か，あるいは自然と身につくものかということについては，専門家でも意見が分かれる。留意したい点が3点ある。

第1に，フォニックスの指導は，基本的に Reading 指導として位置づけられていることを意識する必要があろう。フォニックスの規則を学ぶことで，文字を見て音声化し，単語認識ができるようになるのである。音声面での習得が進んでいることが前提となる。

第2に，日常的によく使われる英語には，音とつづり字の関係が不規則なものが多いということである。英語史の観点から言えば，印刷が始まった頃からスペリングが固定するようになったが，音については変化をし続けて，対応が複雑になった経緯がある。また，日常的によく使われる単語ほど音変化を受けやすかった。そのため，外国語活動や中学校1年生の授業で使われるような英語の多くは，音とつづり字の関係が単純ではない。例えば，Do you have a dog? という英語の中の do, you, have は，規則に基づいて発音するならば，［ドウ］，［ヤウ］，［ヘイヴ］に近い音になるだろう。正しい発音とは異なる。

　第3に，Reading 能力には，アルファベットの知識と音韻的意識 (Phonological Awareness) が重要であると指摘されていることを考えると，フォニックスの指導においても，アルファベットの大文字と小文字をしっかりと学ばせたり，学習者の音韻に対する気づきを高めたりするような指導が重要であろう。例えば，[ai], [kei] という音を聞いたらすぐに，I や i という文字や K や k という文字を思い浮かべるようなアルファベットの知識や，A / a, J / j, K / k というアルファベットの音を聞いて，[ei] という音が共通していることがわかるような音韻的意識が，フォニックスの指導を効果的なものにすると考えられる。

　これらの留意点を考慮すると，2つのことが指摘できる。まず，フォニックスの指導のタイミングを考える必要がある。例えば，中学校に入学してすぐの時期にフォニックスを指導するのではなく，ある程度，語彙が増え，音声についても身につけ，音とつづり字の関係が，規則的な単語が出現するようになる中学校2年生や3年生の時期にフォニックスを指導するなどの工夫が必要であろう。また，中学校3年間を通して，継続的に音とつづり字の関係について指導していくことも心がけたい。

　次に，音とつづり字の関係（フォニックス）を指導する前に，①音声の指導，②アルファベットの指導，③音韻的意識を高める指導を十分に行いたい。これらについて，説明する。

① フォニックスの指導の前に，音声の指導を十分行うこと
　中学校1年生の入門期には，さまざまな単語が掲載されているページがある。*New Crown* を例にとろう。

第4章　教科書を使っての具体的な指導

New Crown 1, Get Ready 4

このようなページを指導する際に，次の点から単語を整理するとよい。
　　・どのような音素が扱われているのか。
　　・単語ごとに仲間を作れないか。
　第1に，音素の点から言うと，このページであげられている26個の単語には，ほとんどすべての母音と子音が含まれている。扱われていない子音は，[ʒ]（usually の -s- の音）だけである。また，含まれていない母音は三重母音などである。つまり，これらの単語の発音を聞かせたり，単語を発音させたりすることによって，英語の音をきちんと指導することができる。
　第2に，音声面の特徴の点からこれらの単語を見てみると，いくつかの分類が可能である。例えば，音節に注目して，次のような分類をしてみよう。
　　・単音節の単語　　：boy, car, girl, ink, lunch, mouth など
　　・2音節以上の単語：astronaut, doctor, elephant, father など
　これらの単語を使った活動（キーワードゲームやビンゴゲームなど）の中で，単語の強勢を意識させる指導ができよう。
　また，語尾が子音で終わる単語と母音で終わる単語に分類できる。
　　・語尾が子音である単語：(a) [t] astronaut, elephant, cat, vet
　　　　　　　　　　　　　(b) [n] kitchen, question
　　　　　　　　　　　　　(c) [s] juice, box, rice

91

　　　　　　　　　　　　(d) [l] girl, ball
　　　　　　　　　　　　(e) その他
　　　　　　　　　　　　　　ink, lunch, mouth, name, morning
・語末が母音または：　　(a) [ou] tomato, window, know
　半母音である単語　　　(b) [u:] two, too, zoo
　　　　　　　　　　　　(c) [ɔi] boy, toy, joy
　　　　　　　　　　　　(d) [ər] doctor, father, singer　　[ɑ:r] car
　これらの単語を並べて発音するだけで，音韻的意識を高めることができよう。

② アルファベットを十分に指導すること
　中学校でアルファベットの指導というと，兎にも角にもアルファベットを書かせて覚えさせようとすることが多い。ここでは，アルファベットを認識することに焦点を置いた活動を紹介する。
　アルファベットを特定できるように指導するために，タッチング・ゲームを十分行いたい。例えば，*New Crown* では，キーボード上にあるアルファベット，すなわちアルファベット順に並んでいない文字を見せて，アルファベット順にタッチさせる。

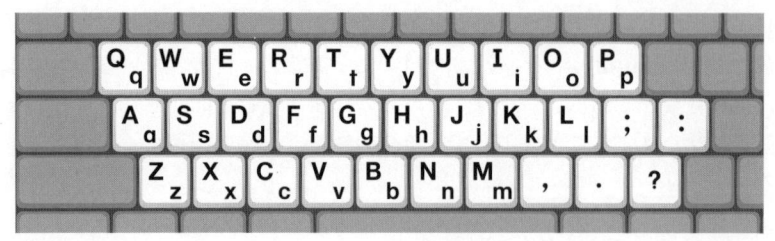

(*New Crown* 1, Get Ready 3)

　最初のうちは，教員がアルファベットを読み上げ，生徒がそのアルファベットを順番にタッチしていく。アルファベットを覚えたら，生徒にアルファベット順にタッチさせ，その時間を記録させる。
　また，慣れてきたら，次ページのようなチャート（大文字バージョン）を作成して与える。大文字バージョンや小文字バージョンのチャートで，順番を変えたバージョンを作成し，タッチング・ゲームを実施するのである。文字認識の自動化（automatization）を促すため，時間を計ることも一案である。

P	S	H	R	E	U	F
V	B	Q	I	M	J	Z
C	L	A	W	D	X	
T	G	O	Y	K	N	

タッチング・ゲームのバリエーションとして，教員の読み上げるアルファベットを聞いて，そのアルファベットを特定させてもよい。例えば，上のチャートを用いて，教員がアルファベットを読み上げ，素早くそのアルファベットを探してタッチさせるのである。アルファベットのカードを1人1セット作り，アトランダムに机の上に並べさせ，教員がアルファベットを読み上げたら，素早くそのカードを探させてもよい。

カウンティング・ゲームも，アルファベットの指導として利用できる。例えば，次のように，アルファベットがアトランダムに書かれたものを見せ，Let's count K's. How many K's do you see? と言って，Kの数を数えさせるのである。○をつけさせてもよい（答えは，Four.）。

A	C	A	B	D	H
N	K	I	K	H	J
A	H	J	L	U	M
V	K	I	K	L	A

このようなプリントを作成しなくても，教科書を使って同様の活動は可能である。適当に，あるページを開かせる（もちろん，未習のページでOKである）。

> *Ken:* I have four onions and two carrots.
> I have some potatoes too.
> *Emma:* OK. That's enough.
> I have a shopping bag.
> *Ken:* Good.
> (*New Crown* 1, Lesson 4, GET Part 1)

そして，Let's count A's. How many A's do you see? と指示を出して，A / aの数を数えさせるのである（答えはTen.）。

③ 中学校3年間を通したフォニックス指導

　前述した通り，音とつづり字の関係（フォニックス）の指導は，英語学習の初期に行うものではなく，語彙が増え，英語の音声が身についてから行ったほうが効果的である。つまり，中学校3年間を通して，音とつづり字の関係を継続的に行うという意識を持つことが重要であろう。*New Crown*では，SOUNDSというコーナーを設けて，発音とつづり字の関係を3年間を通して学べるようにしている。

　次に示すSOUNDSの「発音とつづり」では，子音連結の発音とつづり字について意識させる内容となっている。

SOUNDS

● **発音とつづり**
次のカタカナ語と英語を，はじめの2文字に注意して聞き比べよう。次に，英語を発音しよう。

ブラザー	ドライブ	トライ	スリープ	プレイ
brother	drive	try	sleep	play

● **英語らしい音づくり**
次の文の内容を，5語でおおまかに伝えるとしたら，どの単語を選びますか。ペアで話し合って選び，○をつけよう。次に，○をつけた単語ははっきりと，それ以外の単語は速く弱く発音し，文を読んでみよう。

　　Come to the market in our hometown and buy some vegetables.

（*New Crown* 2，Lesson 4，まとめ）

　このように，中学校2年生では2年生なりの，中学校3年生では3年生なりの「音とつづり字」の関係を学ばせていくことが重要である。

◆引用・参考文献◆
文部科学省（2008）『中学校学習指導要領解説　外国語編』開隆堂出版

4-2 Listening の指導

1. 外国語活動における Listening Activities の概要について

　ALT との T-T の授業時数，HRT の英語使用力，クラスサイズなど，授業に関わる条件が一様でないことを前提に，第 2 章の実態調査も参考にしつつ，一般的に概要を述べることにする。

① Classroom English については，活動に関わる指示は英語で行われていることが多い。
② 基本的な英語表現と英語のリズムに親しんでいる。
③ 絵やイラストなど visual aids を手がかりに，TPR による指導に慣れている。
④ 日本昔話など比較的簡単なお話を top-down 的に理解する指導を経験している。
⑤ 子どもたちは中学生になると，ますます多量の英語を聞くことを当然と考えている。
⑥ 学校差や個人差がある。

2. 中学校 1 年生入学直後の Listening の指導
(1) Preparatory Lessons の段階の指導
　上記 1 の①〜⑥をすべて念頭に置いて指導に取り組まなければならない。新しい表現や機能はなるべく避けて，外国語活動で学んだことが役立っているという自信を与えることが何よりも大切である。基本的な教室英語，親しんできた単語，アルファベットの大文字と小文字と音声，親しんできた基本的な英語表現などを中心に据えた授業を展開したい。それぞれの教科書は，そのような趣旨を生かした Preparatory Lessons を設定している。中学校 1 年生教科書の導入部分に，例えば *New Crown*（三省堂，2012）では 10 ページ（Get Ready）を当てている。
　導入部分の中身は Listening が主たる活動となっており，生徒には外国語活動の成果を再認識させ，学習への動機づけとなるなど，中学校英語教育の導入としては望ましい活動と言える。

(2) 最初の Regular Lessons の指導

　本格的な lessons に入る際に，Preparatory Lessons とあまりにもかけ離れた指導に入ることは慎まなければならない。(1) の段階では，単語やアルファベットの文字を聞いて反応することだった。しかし，(2)の段階では，教員や CD が話す英文の意味を聞いて対応することが要求される。いわゆる Questions-and-Answers (Q-A) の活動に突然入るのは抵抗があるだろう。その前の段階では，どのような指導が考えられるか。

　第 3 章の 3-6 に紹介した MERRIER Approach を思い出してみよう。教員との Interaction は，下記の段階を踏むことを勧めたい。生徒の視点から記述すると次の通りである。

① Listen and Do Nothing
② Listen and Respond Physically
③ Listen and Give a Short Oral Response
④ Listen and Give a Longer Oral Response

　外国語活動では，教員の指示や質問に対して，挙手をしたり，pair や group を組んだり，輪 (circle) を作ったりといった，文字通り体を動かして反応する TPR によるコミュニケーションを経験した。また，教員の英語の質問に応じて，正しい絵やイラストなどを選んで○をしたり，2 つの絵を線で結んだり，多くの絵の順序を並べ直したりする活動を繰り返してきた。

　そこで，この (2) の段階では，この経験を生かした活動を導入することによって，中学校の英語学習へ生徒を抵抗なく導いていくことを勧めたい。言語材料も外国語活動で親しんだ基本的な英文を使うことが望ましい。

(3) 教科書の工夫

　New Crown のアイデアを見てみよう。*New Crown* 1 の Lesson 1 から Lesson 3 まで，21 ページにわたって，この種の活動を提供している。次に例をあげてみよう。

＜Lesson 1, GET Part 3「聞いてみよう」＞
会話を聞いて，それぞれがどんな気持ちや状態でいるのか，絵と同じであれば○を，そうでなければ×を書き入れよう。
Listen. How do the people feel? Fill in the blanks with '○' or '×'.

[Script]
No.1
Meiling: You're good, Ken.
Ken: Thank you. I'm hot.
Meiling: Really? Are you thirsty?
Ken: No. I'm not thirsty. I'm fine.
Meiling: OK. One more time.

No.2
Kumi: Paul, you're good.
Paul: Thank you.
Kumi: I'm tired. And you?
Paul: Really? I'm not tired. I'm fine.

No.3
Ken: Nice, Meiling.
Meiling: Thank you. I'm thirsty.
Ken: Really? Are you hungry too?
Meiling: No. I'm not hungry. I'm hot and thirsty.

　生徒にしてみると，ほとんどすべての単語は外国語活動で既習の上，耳慣れた表現ばかりである。また，Responseも○×の選択をすればよく，英語で応答するのとは違い，緊張感を伴わなくてよい。自信を持って積極的に楽しく中学校英語の学習になじむことができるだろう。
　New Crown の工夫は，これだけに留まらない。CDや教員から聞いた上記のScriptの一部が，右側のページに文字にして載せてある。意味を理

解した後，文字を通してもう一度意味を確認することができる。音声と文字の融合のための一つのアイデアである。

応答の仕方として，○×の選択だけでなく，下記のようにバラエティに富ませている。

| ・線で結ぶ | ・ブランクに記号を入れる | ・数字を入れる |

教科書とは別に，順序を変えて並べ替える，答えを日本語で書くなど，応答の仕方を工夫したり，Script は，対話でなくクイズ形式にしたりするなど，生徒のモチベーションを高めるよう，チャレンジしてほしい。

3. これまでの Listening 指導の問題点

「英語を聞いてわかる生徒の育成」がこれからの英語指導の大きな目標の一つである。これまでも努力を重ねてきたことは確かである。しかし，成果が目に見えていなかったことも事実である。Listening の指導法に何らかの重大な欠点があったことは疑いの余地がない。学習時間の不足，教科書編集の問題，教員が英語を話さない，言語活動が不足気味など，複雑な面が絡み合っていると思う。その中で特筆すべき欠点(弱点)と筆者が考えているのは，次のような授業の運び方である。

戦後 70 年近く，英語の習得理論(Learning Principles)や教授技術などの改善策が，さまざまな形で教育現場に導入され，教員は実践を続けてきた。その中で，下記のような段階を基本に据えて授業を進める姿が，我が国の英語教育の底流にどっかりと腰を据えてしまっているのではないかと思う。

1950 年代後半に，Twaddell の「外国語学習の 5 段階」として導入された教授法である。簡単に説明したい。

① Recognition ⇒ ② Imitation ⇒ ③ Repetition ⇒
④ Conversion ⇒ ⑤ Selection

まず，本時の Target Sentence (目標文，基本文)を下記としよう。
　　・John has been to Europe three times.

① Recognition
まず，目標文の意味と形式を理解させるために，教員は，例えば次のように導入する。

> Well, John is interested in Europe. So, he visited France three years ago. He enjoyed the trip to France. Last year he visited Italy. He had a very good time. This year he went to Europe.
> So he has been to Europe three times.

地図を用いたり，2度繰り返して話すなどして工夫すると，生徒は「Johnが3回ヨーロッパに行ったことがある」という経験を has been to が表していることに気づく。

② Imitation
　この文を正確に表出できるようにするために，教員の口を見てまねる。
③ Repetition
　教員やCDに頼らずに自分で表出できるようになるために，繰り返し発話練習を行う。
④ Conversion
　この基本文を1つ覚えているだけでは生産性がないため，この文を疑問文にしたり，否定文にしたり，主語を変えたり，未来形にしたりする練習を次のように行う。

> *Teacher:* Repeat after me, "John has been to Europe three times."
> *Students:* John has been to Europe three times.
> *Teacher:* Question?
> *Students:* Has John been to Europe three times?
> *Teacher:* Yes.
> *Students:* Yes, he has. He has been to Europe three times.
> *Teacher:* No.
> *Students:* No, he hasn't. He has not been to Europe three times.
> *Teacher:* How many times?
> *Students:* He has been to Europe three times.

意味を重視せず，形式をマスターすることを第一義と考えているので，途中意味がおかしくなっても気にかけることはしないのが，特徴的である。
⑤ Selection
①〜④までの段階を経て学習すると，何百もの sentences ［phrases］が生徒の心の中に定着する。将来，コミュニケーションの場面に応じてこれらの中から適切な表現を選び出す練習をする。

「Twaddell の 5 段階」という表現を知らなくとも，上記のステップを踏んで指導している教員は少なくないと思われる。しかし，期待通りの効果が上がっていないのは衆目の一致するところである。
　一見有効に見えるこの指導法のどこに欠陥があるのだろうか。次の 2 点をあげる人が多い。
　(a) 意味を度外視して form（文法形式）に重点を置きすぎており，あまりにも mechanical なドリルである。
　(b) Selection の段階にかける時間が不足しがちである。
　この点については筆者も同感である。しかし，最も大きな欠陥は，Listening が徹底的に不足していることだと考えている。①の段階を除くと，すべて「言ってみよう」というドリルに終始していることがわかる。

4. Listening に関し，教科書の編集を検証する

　新しい教科書では，Listening Ability を習得させるため，どのような工夫がされているのだろうか。また，その仕組みにはどのような改善点があるだろうか。検証してみよう。
　New Crown（三省堂），*New Horizon*（東京書籍），*Sunshine*（開隆堂出版）の教科書を見てみると，3 種とも同じような方法がとられていることがわかる。
　その構成は次の通りである。

① Target Sentence（Grammar Point と言ってもよい）を提示する。
② Grammar Point を含む文（one sentence）を聞かせる。
③ 与えられた 3 つ程度のイラストの中から，英文に合ったものを選ばせる。

④　上記①〜③だけではあまりにも単純で基礎的すぎるので，別のページに Practice などのコーナーを設け，多少の context（文脈）を与えた対話や passage を聞かせ，正しいイラストや，日本語の説明文を選ばせたりする。
　⑤　Regular Lessons の他に Listening というページを 3 〜 5 回程度設けて，さらに長い passage を聞かせ，与えられた解答から選択させる。

　例に，New Crown 2 の Lesson 8 を見てみよう。受け身形が初出のLesson で，GET Part 1 の基本文は肯定文である。

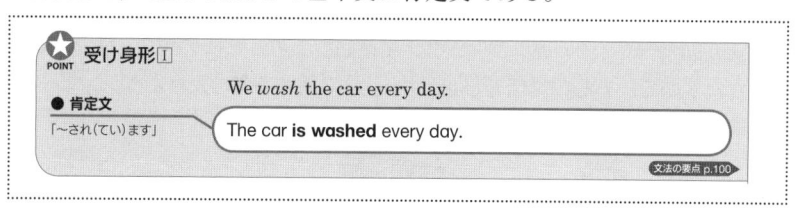

POINT 受け身形①
●肯定文
「〜され(てい)ます」
We *wash* the car every day.
The car **is washed** every day.
文法の要点 p.100

　そして，基本文の下に簡単なドリルが提示されている。

Drill　1 Listen　2 Repeat　3 Say　4 Write

[Script]
　Ⓐ The car is washed every day. （基本文と同じ）
　Ⓑ The car is used every day.
　Ⓒ The room is cleaned every day.
　Ⓓ These balls are used every day.

　Drill の 1 Listen でⒶ〜Ⓓのイラストを 1 つずつ見ながら，イラストを説明する英文をしっかり聞き，イラストと英文の内容を理解する。
　このドリルは，Twaddell の①の段階に属するものである。この Listenの後，Repeat, Say という具合に Twaddell の指導手順に沿っている。

101

このドリルが終わり，本文の理解ができた段階で，教科書右側のページにある Practice に移る。Practice の 1 は常に Listening の練習になっており，その内容は次の通りである。これは前にあげたドリルよりも文脈があるだけ，Listening の内容は豊かになっている。しかし，生徒にとっては，「受け身形の聞き取り練習」という意識が強く，本格的な Listening を鍛える練習とはなっていない。

　Listen to the conversation. What does Kenji ask about? Write the numbers in the blanks.

Practice

1 Listen 留学中の健二が，ジュディと話します。それぞれの会話で健二がたずねているものは何でしょうか。（　）に番号を書き入れよう。

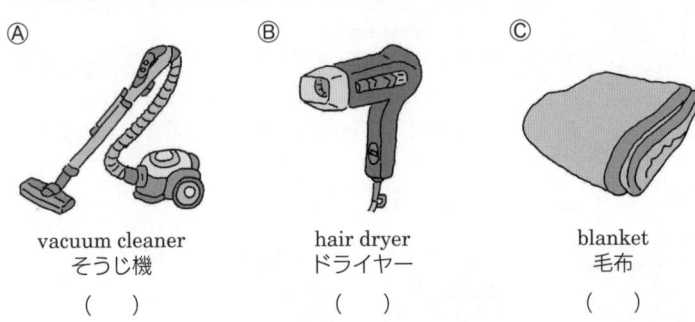

Ⓐ vacuum cleaner
そうじ機
（　）

Ⓑ hair dryer
ドライヤー
（　）

Ⓒ blanket
毛布
（　）

[Script]
No. 1
　Judy: Kenji, what are you doing?
　Kenji: Well, I want something, but I don't know its name in English. It's used in the bedroom. It's used when you are a little cold at night.
　Judy: Oh, I see. You want this, right?
　Kenji: Right. Thank you.
No. 2
　Kenji: Judy, what's the name of that thing in English?
　Judy: What?

Kenji: It's used when you clean the floor.
　　Judy: Oh, I see. You mean this, right?
　　Kenji: That's right.
No. 3
　　Kenji: Judy, I want something, but I don't know its name again.
　　Judy: OK, I'll help you.
　　Kenji: Thanks. It's used near the bathroom. It's used after you wash your hair.
　　Judy: I think I understand. You mean this, right?
　　Kenji: That's it. Thank you.

　このような Listening Practice とは別に，本格的な Listening Ability の向上を目指すには，日常的にどのような工夫が必要か。次に具体例をあげてみたい。

5. 教員があらゆる機会に英語を使おうとする心構えを持つこと
(1) Greeting の段階で
　How are you today? で授業が始まる。生徒が Fine. と答えたら，あいさつとしては問題ない。しかし，時として，折角英語で Greeting を交わしたチャンスを生かして，生徒と何らかのコミュニケーションを図ろうと考える教員も少なくない。ただ，How is the weather today? のような決まりきった質問を投げかけ，生徒も It's fine. / It's rainy. などと，これも何の変哲もない英語で応対している場合が多い。生徒が「アッ！」と気づいて考え，何か新しいことを Listening を通して学べるように，この部分を徹底して変えてみることを勧めたい。
　例えば，生徒が It's fine. と答えたら，I know it's fine today. It was fine yesterday too. But yesterday the weather was very different, wasn't it? One thing, it was very hot. There was no wind. How is the weather today? Which do you like better, today's weather or yesterday's weather? などと話してみよう。同じ Fine. でも違いがあることに気づくだろう。It's fine today, but it's a little humid because it has rained for the last two days. という日もあるであろう。単純な，金

太郎飴のような味気ない Greeting とは違い，生徒は新鮮な思いを持ち，英語を使うことの魅力を感じて学習意欲も高まるのではないだろうか。
　T-T の場合ならば，ALT の home town の天候や季節の話を引き出してみることもよい。

(2) Small Talk
　毎回，授業の間で，短時間 Small Talk を位置づけることを勧めたい。本時の授業でもよいし，すでに済んだ Lesson に関連したことでも OK である。また，授業には直接関係がなくとも，生徒には関心の高い話題で話しても構わない。例えば，環境問題が授業のテーマになっている場合，「温暖化の影響で，長野では数十年後にリンゴ栽培が心配」という新聞記事を見たことなどを話してみる。例えばこんな具合に聞かせてみよう。

> A few days ago, I took a train from Komoro station. I met some junior high school students from Chiba City on the same train. When the train passed Shinonoi station they saw the field of apple trees through the windows. They got excited, saying, "Look! They are apples!" They saw the apples on the tree for the first time. I found a shocking news on the newspaper this morning. Ten or twenty years later, we may not be able to grow apples in Nagano. Do you know why? Global warming!

　教室は教員にとって自分を鍛える「道場」である。このような Task を自分に課して日々の授業に臨んだらいかがだろうか。単に英語を話すのではなく，「生徒にわかってもらえる英語」で話すことが課題である。そのために，MERRIER Approach を使っていただきたい。
　また，このような授業のあり方を ALT にも要求していただきたい。ALT には，日本の生活について気づいた事柄や，日本とは異なる自国の習慣などについて，わかりやすく話すことを求めてほしい。
　教員の個人的な Talk は，タイプして次回の授業に配布して読ませると，Reading のよい指導にもなる。

6. 教科書を教えるのではなく，教科書で教えるための工夫
次に，教科書と直接関係づけた具体的な提案をしたい。
(1) 教員が，教科書の内容に関係したメッセージを発信する
環境問題をテーマとする本文を例に，具体例を示したい。

For Our Future

Save the Earth
The earth's environment is changing very fast. What is going to happen? What can we do?
Sea Level Rise (Nasheed, Maldives)
What is happening to Maldives? The sea is rising. This means my village is going to be under water in the future. Scientists say global warming is the reason. I'm going to share the problem with you.
Clean Energy (Ken, Japan)
When we walk, our feet hit the floor. The energy from this action can become electricity. It is clean energy. In this way, our everyday actions can make a clean world.
Eco-Tourism (Paula, Costa Rica)
Many animals are in danger because of pollution. For examples, sea turtles sometimes cannot find their home beaches. But in Costa Rica, they will return. I'm going to tell you about our policy of eco-tourism.
(*New Crown* 2, Lesson 3, USE Read)

＜Q-A 活動を改善してみよう＞
多くの教員にとっては，生徒が内容理解できたと思う頃，Q-A 活動を行うことが常道になっている。
例えば，Q-A 活動は次のように行われる。

T: Why is his village going to be under water in the future?
S: Because of global warming.

> *T:* Why are some animals in danger?
> *S:* Because of pollution.

　教科書の情報のみに基づくQ-A活動では，テキストの中に与えられている情報を拾い出す力は期待できるが，自分なりに考える，といった学習はできない。教員による発想を変えた質問が必要である。
　Q-A活動にしても，教員が次のように新しい情報を付け加えながら発話し，生徒に考えるチャンスを与えるやり方もある。

> *T:* The other day, I watched a documentary program on TV. It was about polar bears. The report said, "The number of polar bears is getting smaller and smaller." Do you know why? The ice in the North Pole is melting very rapidly. What do you think will happen?"

　気の利いた生徒なら，"The sea water will rise."と答えるだろう。このようなQ-A活動を工夫することによって，教員も変わり，英語教育の成果も改善されるだろう。
　CDを聞かせたり，何の変哲もないQ-A活動を繰り返したり，かなりの時間を使って日本語に訳させて，そのLessonの学習は終わり，とするような指導をしていては，英語が使える生徒の育成はできない。教員自身がLessonのテーマに関係づけた独自のメッセージを作り出し，生徒に提供することが絶対的に必要である。例えば，次のように自身の経験を語ってみたらどうか。

＜関連づけて教員が自分の経験を語る＞

> 　I visited Salt Lake City in the USA many times before, because many Japanese people live there. Last year, I visited Salt Lake City again. I found a great change in the city. The wide road from the airport to the University of Utah is now used for the streetcars. When I visited several years ago, many cars were running one after another on the same road. A friend of mine living in the city told me, "Many cars produce

第 4 章　教科書を使っての具体的な指導

a lot of CO_2 and make the air very dirty. We must do something to save our earth. The streetcar is one idea." I think we must do something in Japan too.

教員のこのようなメッセージはプリントアウトして，次の授業の時に読ませたい。生徒が読んで教員のメッセージがわかり，考える教材になれば最高である。

(2) 教員が教科書の内容を広げて発信する
　　──MERRIER Approach でいう Redundancy の応用
　ここでは，*New Crown* 3 の Lesson 6 の USE Read を例にして，具体例を示したい。
　前半には，Bus Boycott の発端となった Rosa Parks の事件が客観的に記述されている。

I Have a Dream

　One afternoon in 1955, a black woman in Alabama was going home from work. She took a seat on the bus. Midway through the trip, the driver said, "Give up your seat to this white man." When she refused, the driver called the police. "Arrest the woman sitting there. She is breaking the law." The police arrested her. From this small act by Rosa Parks, a huge movement started.
　Martin Luther King, Jr. heard about Mrs Parks. He said, "There are many things we black people cannot do. We cannot stand it any more. Let's support Mrs Parks. Let's fight for the right of anyone to take any seat on any bus."
　So the black people of the city stopped riding buses. Some walked to work and school. Others used cars. They got support from some white people. The boycott lasted for more than a year. Finally, black people won the right to sit anywhere.

このテキストを，教員がRosa ParksになりきってLessonをまとめ，生徒に読み聞かせてみたらどうだろう。

次は，同じテキストを視点（viewpoint）を変えて言い換えた例である（第3章3-6③参照）。内容は同じなので，単語や表現の大部分がテキストと共通であるため，理解しやすいという利点がある。

> My name is Rosa Parks. I'm a black woman, and I live in the USA. I go to work by bus. One day, I took a bus on my way home. There was an empty seat, and I sat down on it. At the next bus stop, a white man got on the bus. There were no empty seats at the time. The bus driver said to me, "Give up your seat to the white man." I didn't understand why I had to give my seat to the white man. I didn't stand up. Then, the driver called the police. The police said, "You are breaking the law." I was arrested. Many black people heard the news. Doctor Martin Luther King also heard the news. He asked many black people to help me. They decided to stop taking buses. That was the beginning of the famous Bus Boycott.

「テキストを視点を変えて言い換える」という，このような方法を修得すれば，あまり時間や労力を使わずに，新しい教材を作成することができる。ALTにもこの方法を教えると，興味深い教材を作り出せるだろう。同じ教材について，ALTとJTEがそれぞれ作成した話を読んで聞かせれば，さまざまな英語に慣れ親しむことにもなり，生徒のListening能力も向上するだろう。

さらに，ドラマ化して，ALTとJTEがRosa Parksとbus driverになりきって，その場面のやり取りを聞かせる，という方法もお勧めである。

(3) その他の工夫

生徒は，小学校の外国語活動で，『桃太郎』の話（*Hi, friends!* 2, Lesson 7 "We are good friends."）などを，紙芝居風に聞いて楽しんだ経験がある。イギリス，アメリカ，カナダなどの子どもたちが親しんでいる童話や昔話を，『桃太郎』と同様な手法で，イラストなどを見せながら聞かせる活

動も勧めたい。2,3回程度に分けて,紙芝居風にアレンジして聞かせるのも一案である。イギリスの子どもたちが親しんでいるお話をやさしい英語でアレンジし,2回に分けて聞かせることを考えてみた。参考にしていただきたい。ALTの出身国で,子どもに popular なお話を選んでもらうと,異文化理解教育にも直結するかもしれない。

The Story of Goldilocks and the Three Bears
＜第１回＞

Once upon a time, there was a little girl. Her name was Goldilocks. She was walking in the forest. She saw a house. She knocked but no answer. She went into the house.

In the kitchen, there were three cups of porridge. Goldilocks was hungry. She tasted the porridge from the first cup.
"This is very, very hot!" she said. So, she tasted the porridge from the second cup.
"This porridge is very, very cold!" she said. So, she tasted the porridge of the last cup. "Ahhh, this porridge is very good." She was very happy and ate it all.

Then, she was very tired. In the next room, she saw three chairs. She sat in the first chair. "This chair is very big!" she cried in a loud voice. So, she sat in the second chair. "This chair is very, very big for me too." She cried again. So, she sat in the small chair. "Ahhh, this chair is very good for me." She was very happy. But just when she sat down into the small chair, the chair broke into pieces.

She went upstairs to the bedroom.

<第2回>

She lay down in the first bed, but it was very hard. Then she lay in the second bed, but it was very, very soft. Then she lay down in the small bed and it was very good for her. She went into sleep.

As she was sleeping, the three bears came home.
"Someone's been eating my porridge," the Papa bear was angry.
"Someone's been eating my porridge," the Mama bear was angry too.
"Someone's been eating my porridge and ate it all up!" cried the Baby bear.
"Someone's been sitting in my chair!" the Papa bear was angry.
"Someone's been sitting in my chair!" the Mama bear was angry too.
"Someone's been sitting in my chair and broke my chair into pieces!" cried the Baby bear.
They looked around the room. They went upstairs to the bedroom. The Papa bear cried, "Someone's been sleeping in my bed!" "Someone's been sleeping in my bed too!" said the Mama bear.
"Look! Someone is sleeping in my bed!" cried the Baby bear.

Just then, Goldilocks opened her eyes and saw the three bears. She cried in a loud voice, "Help!" And she jumped up and ran out of the room. She ran down the stairs, opened the door, and ran away into the forest.

7. まとめ

　授業の初めのあいさつ（Greeting）などで，Classroom English を使おうとする英語教員が多い。ただし，How are you? How is the weather? What is the date? の3つの質問を毎日繰り返し，その後は常に日本語，という教員が多すぎる。たまには天気の代わりに違う話題にしてみよう，と思うだけで，教員の指導が変わり，意味のあるたくさんのメッセージを生徒に発信できるようになるだろう。「覚悟」や「決意」を持ち，この考え方を継続することである。教員が変われば，教育方法も自ずと変わってくるだろう。「教育は人なり」である。教員が意味のある Input を発信し続けるためのアイデアを，思い当たるままに列挙してみた。このヒントをきっかけに，もっともっと面白いアイデアを生み出してほしいものである。「時間をつぶして努力しても使える英語が身につかない」と言われるような教育から，早く完全に脱するために，お互いに力を合わせ，教員にとっても生徒にとってもやり甲斐のある教育を求め続けたいものである。

4-3　Speaking の指導

　「4技能」(Four Skills)という言葉は，我が国だけでなく海外でも長い間使われてきた。しかし，ここ10年，Listening と Speaking が統合されて，Listening and Speaking と呼ぶ国や地域も出てきている。それは両者が音声コミュニケーションにおける基本的な構成要素であり，かつ相補的な関係にあるからである。一見，一方だけが用いられているような場合 (演説，講演，講談，ラジオ放送など) でも，不特定多数の聴衆を前提にしている。言葉は本来，人間が音声によるコミュニケーションの必要性を感じたから生まれたものである。この章では主に Speaking を扱うが，Listening にも配慮しているのは当然である。

1.『中学校学習指導要領』で求められている Speaking 活動

　「具体的な指導法」という表現は，すぐ how to ～ を連想させる場合があるが，その how to ～ を支えている考え方を理解していないと，他人の単なる物まねで終わってしまう。まず，『中学校学習指導要領』の「話すこと」の言語活動には，どのような活動があるのかを見てみよう。

（ア）　強勢，イントネーション，区切りなど基本的な英語の音声の特徴をとらえ，正しく発音すること。
（イ）　自分の考えや気持ち，事実などを聞き手に正しく伝えること。
（ウ）　聞いたり読んだりしたことなどについて，問答したり意見を述べ合ったりなどすること。
（エ）　つなぎ言葉を用いるなどのいろいろな工夫をして話を続けること。
（オ）　与えられたテーマについて簡単なスピーチをすること。

　上記5つの活動のうち，(ア) は Speaking の下位技能であり，言語材料の音声面における正確さが求められている。(エ) は「つなぎ言葉」であるから，「なるほど」(I see.)，「つまり」(in other words)，「その通り」(That's right.) などの語句や定式表現のことであり，コミュニケーションの本体ではなく補助的な役割をするものである。

一方，(イ)は「伝える」という function（言語の働き）であり，explain, define, express, respond, tell などの動詞を使って，伝える「内容」や「トピック」を入れることになる。(ウ)は聞いたり読んだりした内容について Q-A を行うことである。また，(オ)は(イ)と広義では同じカテゴリーに入るが，「与えられたテーマ」について「スピーチ」をするのが目的であるから，テーマについて考え，聴衆に関心を持って聞いてもらえるように表現（ジェスチャーを含む）することである。それを効果的に行うためには，アウトラインを作ったり，関連する用語をメモしたりという，一部 Writing の要素が入ってくるので，(イ)と分けたものと考えられる。

教科書では，課（Lesson）あるいはセクションごとに重要事項がわかるように，欄外や脚注の形で補説が施されているが，印刷された教材という教科書の性格上，主として「言語形式」の形で出されている。教員は授業で，その言語形式に音声と意味を与え，生徒に使わせる活動を通して授業を進めていく。

(ア) 具体的な発音指導の基礎

基本的には正確な音声をふんだんに生徒に聞かせることが重要である。しかし，「本日の指導過程では，新教材の導入で新出語は CD で計 3 回聞かせました」で十分指導したことになるのであろうか。「3 回」聞かせる目的は，それぞれ違うはずである。単語の形（つづり），単語（形態素）の意味，単語の音声の間にはどんな関係があるのだろうか。それについて生徒は 3 回聞くなかで，どれだけ気づいたのであろうか。*New Crown*（三省堂，2012）を例にとろう。

```
次の数字も英語を聞いて言ってみよう。
11  eleven      21  twenty-one    100    one hundred
12  twelve      22  twenty-two    1,000  one thousand
13  thirteen    ---
14  fourteen    30  thirty
15  fifteen     40  forty
16  sixteen     50  fifty
17  seventeen   60  sixty
18  eighteen    70  seventy
19  nineteen    80  eighty
20  twenty      90  ninety
```

(*New Crown* 1, WORDS & SOUNDS ①)

-teen は 13 から 19 までの基数を作る語尾で, ten の連結形である -tene に由来する。日本語の「十代」と異なり, 10 歳, 11 歳, 12 歳は含まない。通例, -teen に第 1 強勢があり, -teen の前の形態素※(例：thir-) には第 2 強勢がくるが, 前後の文のリズムにより, 前半に第 1 強勢, -teen に第 2 強勢がくることがある。(※意味を持つ最小の単位)

≪英語と日本語のリズム≫

英語は音節言語 (Syllable-Timed Language), 日本語はモーラ言語 (Mora-Timed Language) と呼ばれており, 英語のリズムは強勢 (Stress) を受ける音節を中心に作られるのに対し, 日本語のリズムはモーラ(拍)がほぼ同じ長さでつながることによって生じるという。現在は以前ほど明確に区別されないで, 両者が共有する部分を認める傾向にあるが(田窪 他, 1998), 中学生用英和辞典には, 発音記号の他に仮名発音も併記されているので, 英語を強勢アクセントではなく, 日本語の高低アクセントで発音する生徒も少なくない。音と強勢を聞き分ける力には個人差があるので, Chorus Repetition だけでなく, 個別に発音させることも必要である。

≪単語と音素≫

foot (足) と food (食べ物) は, 仮名表記では「フット」,「フード」である。それらは f-oo-t, f-oo-d と 3 つの要素で構成されているが, syllable (音節) としては 1 つである。換言すれば, foot = [f] [u] [t] と個別に発音されるのではなく, 3 つの音素が一つの流れとして発音される。foot と food は, 一見 /t/ と /d/ の違いだけのように思われるかもしれないが, 実際は, [d] は有声子音 (Voiced Consonant) であるから, 直前の母音 [u] を心持ち長くする働きがあるので, 発音表記では [fut], [fu:d] となり, food の発音には長音記号 [:] が入る。仮名表記の場合は「フード」となり, 長音 [-] というモーラが入っているが, foot の [t] は無声子音 (Voiceless Consonant) で, 直前の母音を長くする働きがないので, 仮名表記では「フット」となり, 促音 [ッ] というモーラが入っている。日本語では, 「陶器」と「突起」, 「政権」と「石鹸」など, 長音と促音のモーラによって意味の違いが生じる。

≪ Phonemic Awareness ≫

話された英語の単語はどんな音で構成されているのかについて, 考えたり, 気づいたりすることが Phonemic Awareness の第一歩である。

Phonemic Awareness への習熟度には個人差があるので，どんな教え方が効果的であるかは一概に言えないが，次の教え方は多くの教員が活用しているものである。なお，生徒には「音素」の代わりに便宜上「発音」と言い換えてもよい。

① 新出語の導入に際しては，個々の音素，音節，語頭子音や脚韻など，必要に応じて生徒の気づきを確認したり，注意を促したりしながら練習する。

② Alphabet 文字の名前や形を音素とともに教える。
　　例：cake → [keik] ; 'a' [ei]

③ Phonemic Awareness について長時間教える必要はないが，生徒の実態に合わせて機会あるごとに復習させる。

④ 白板にマグネット付きのアルファベットを用いて，生徒に文字やつづりを作らせながら発音させる。

(イ) 自分の考えや気持ち，事実などを聞き手に正しく伝えること。

　自分の考えや気持ち，事実などを相手に伝えるのに適した題材はいろいろあるが，身近な例としては自己紹介などがあげられる。次の例は，新学期に教室で生徒たちが自己紹介をしている場面である。

Kumi: Hello, I am Tanaka Kumi.
Paul: Excuse me?
Kumi: Kumi. K-U-M-I.
Paul: Kumi. I am Paul. Paul Green.
Kumi: Nice to meet you, Paul.
Paul: Nice to meet you too, Kumi.

(*New Crown* 1, Lesson 1, GET Part 1)

　自己紹介にも，相手や場面によって長さやパターンが違ってくるが，上記の例は日常生活でよく見かける平易な例である。2行目で，Paul が Excuse me? と言っているのは，よく聞き取れなかった場合の確認で，「何とおっしゃったのですか」という意味である。「もう一度おっしゃってください」Pardon (me)？ に近い。Tanaka Kumi は英語系の名前ではないので，一度聞いただけでは正確に聞き取ることができないことはありうることである。そういう場合，確認のために聞き返すことは大事なことである。

115

ゆっくり話しても30秒もあれば済んでしまう自己紹介の例であるが、6つの文にはそれぞれの役割がある。最初の文は、初めて会った人に自分を紹介する文である。2番目の文に関しては前述したので省略する。3番目の文は自分の名前につづりを添えて相手の理解を容易にする配慮が見られる。4番目の文は1番目のあいさつに対する応答文である。5,6番目の文は、初対面のときなどによく使われる決まり文句である。(第3章3-4の2参照)

(ウ) 聞いたり読んだりしたことなどについて、問答したり意見を述べ合ったりなどすること。

問答は対話(Interaction)の形で行われるが、質問が対話の流れや方向を決める場合が多いので、質問の種類をまとめてみよう。

≪ Lower-Order Questions ≫

これは、知識、理解、応用に関する質問で、ブルーム(Bloom, 1956)の目標分類体系(Taxonomy)では、最初の3項目(つまり難度の低いもの)である。

知識：(例) What do you call polished rice in Japanese?
理解：(例) What kind of rice is used to make *inarizushi*?
応用：(例) How do you make raisin bread?

また、質問事項によって、あるいは質問者に対する配慮から、回答が1つに絞られる場合と、複数の回答がありうる場合とがある。

≪ Closed Questions / Open Questions ≫

Closed Questionsは、短い肯定の答えを求めるものと、質問形式からYes / Noで答えることが可能なものとの2種類からなる。

・What is the capital of Japan? ― (It's) Tokyo.
・Have you done your homework? ― (No, I haven't.)

Open Questionsは、教員が特定の回答を意図しないで、生徒が自由に意見や感想を述べる場合である。

・What ideas do you have to stop bullying in school?

≪ WH-Questions ≫

日常のくだけたWH-Questionsには1語1句で答える場合が多いが、教科書では、教育的な配慮から文で記されている場合もある。くだけた日常会話では、肝心なことを1語(句)で表現するのが普通であるが、その1語(句)は、文のどこが省略された結果であるかを生徒に想起させる

ことも必要な場合がある。目上の人や改まった場面によっては，省略なしで表現することもあるからである。
　さらに，直接的な質問では相手に失礼な場合もあるので，間接的な質問をすることがある。コミュニケーションにおいては，頭だけでなく，時には心が必要な場合もあるからである。
≪ Overt Questions ≫
　直接的な質問で，通常，答えは短いものになる。時には，脅すような調子になることもある。
　　　　・How are you feeling?（気分はどう？）
　　　　・Would you like to have a cup of tea?（お茶はいかがですか）
　　　　・Why didn't you do your homework?
　　　　　（どうして宿題しなかったの？）
≪ Covert Questions ≫
　間接的な質問で，相手にもっと詳しく話してもらいたいときや，疑問文の形を借りて本当は何を言いたいのかを相手に伝える場合に使う。
　　　　・What is in your mind?
　　　　・What is your concern?
　　　　・Would you like to have some other drink?
　3番目の例は，コーヒーを避けている人もいるし，酒の飲めない人もいることに配慮した質問である。drink が food に代わっても同じような配慮が必要である。豚肉を食べない文化圏や牛肉を食べない文化圏があるし，個人的には菜食主義者もいるからである。

(エ) つなぎ言葉を用いるなどのいろいろな工夫をして話を続けること。
　『中学校学習指導要領解説』（文部科学省，2008，p.14）では，「積極的に会話を継続し発展させていく態度や能力を育てるための活動である」と述べ，Let me see. や Well，それに I see. や Sure. をつなぎ言葉の例としてあげている。他によく使われるつなぎ言葉に Then, / OK. / Uh-huh. / Really? / Sounds nice. / Oh, I see. / That's great. などがあるが，料理のスパイスと同じように，使いすぎないことが大切である。つなぎ言葉を多用するよりは，相手の話したことに対し，For example? / That's interesting. / Could you explain more in detail? / What do you mean by '(語句)'? などと，一言コメントや質問をするのがよい。

（オ）与えられたテーマについて簡単なスピーチをすること。

テーマが与えられているので，そこから準備を始めて実際にスピーチを行うまでの手順について具体的に述べる。

① テーマに関連する語句（キーワード）の確認を行う（意味，発音，強勢など）。
② 話す内容をスピーチ用に構造化する。a. 冒頭で聴衆の注意を集めたり期待感を持たせるような入り方を考える。b. 次にスピーチの本体を入れ，c. 最後にまとめて今後の展望に触れる（まだ残っている課題を入れる場合もある）。
③ スピーチのどの点に焦点を当てるかを考える。
④ 上記③との関連で，発音，イントネーションを確認し，必要に応じてジェスチャーや補助手段（絵，写真，資料など）を準備する。

2. Speaking に関する具体的な指導

次に，これまで述べてきた知見に基づき，さまざまな角度から，具体的な指導法や指導に当たっての留意点などについて，Q & A の形で述べてみよう。

Q1： 小学校の外国語活動で親しんだ「基礎的，基本的な英語」は，どのように扱ったらよいか。

A1： 複数の小学校から中学校に入ってくる場合を想定すると，1学期の特に前半は，「外国語活動」でどんな語彙をどの程度習得しているかを確認する必要がある。生徒の出身小学校での使用教材（『英語ノート』と *Hi, friends!,* その他）は入学前に確認して，中学校での授業に際しては，その単語リストを常時確認して授業を行うべきである。小学校での使用教材の『英語ノート』と *Hi, friends!* には，それぞれ音声 CD，デジタル教材，そして指導書などが付属している。*Hi, friends!* とともに指導書も，中学校に常備されていないと小中連携はできない。

Q2： 入学当初の Speaking 指導はどうあるべきか。

A2： 『小学校学習指導要領』（外国語活動，文部科学省，2008）の「第2　内容」の1の(2)には，「積極的に外国語を聞いたり，話し

たりすること」が記されている。しかし，小学校5学年・6学年の計70時間で形成されるSpeaking能力に多くを期待することはできない。教員の発問にone word [phrase]で答えることができるかどうか，の確認から始めるのが賢明であろう。その場合でも，視覚的に確認できる絵や写真などの補助材料（scaffolding）が必要な場合が多いだろう。

　また，英語によるコミュニケーションができた場合の生徒の喜びを優先させて，多少のミスは伝達に大きな支障のないかぎり，その場ですぐには訂正せず，少し時間をかけて，同じミスを他の生徒もしていないかを確認してからでもよい。

　一口にミスと言っても，不注意による偶発的なミスもあれば，言語習得過程の途上にあるミス（複数の生徒がおかす同じ間違い等の傾向性のある場合が多いので，通常，エラーと呼ばれる）もあるので，間違ったからすぐ繰り返し練習させるのは，生徒のコミュニケーションへの意欲を減少させてしまう。

　このような悪弊から脱却し，自分の表現したいことを，自分が使える語句を活用して表現できる日本人を育成するには，どのような指導が有効であろうか。まず，日本語で言わせて，それをどのように英語で表現するかを，生徒の既習語を用いながら確認するという方法もある。一見，古いタイプの和文英訳のように見えるが，音声によるヒントと考えると，このような学習段階があっても不自然ではない。

Q3：　新出語（句）や文法事項の指導方法はどうすればよいか。

A3：　① 新出語の場合
　　　　導入に際しては，視覚，知覚など，マルチ感覚（音はCD，つづりは板書かフラッシュカード，意味は視覚化できるものは絵や写真のカードにして）を活用するのがよい。近年は，タブレット型の情報機器を活用しての導入も行われるようになった。外国語の学習では，ある程度，繰り返し練習することは必要だが，同じ授業で単純な繰り返しをするのではなく，教科書の進度に合わせて，既習語彙を活用できるような対話やタスクを用意して，生徒にできるだけ多く使わせる機会を与えるのがよい。

② 文法事項の場合

　文法・文型は，その形式や意味について簡潔に説明することは必要だが，それを使う場面をできるだけ生徒に考えさせることが大事である。場面が適切であれば，たとえ生徒の言う（書く）英語に間違いがあっても，教員は生徒の反応を受け止めて，間違いは何気なく正しい形に直して繰り返してやればよい。

　新出語の場合と同じように，教科書の進度に合わせて，生徒が既習の文法事項を使えるような場面を用意することが重要である。

　新出語（句）の場合でも文法事項の場合でも，導入直後の練習は個々の生徒から始める。少し慣れたらペア練習に移るが，ペアでやるからには，one to one communication を行う場合の配慮として，相手が答えられない場合には，自分の言ったことを聞き取れなかった場合と，答えるのに必要な語句を知らない（思い出せない）場合があるので，Shall I repeat [say again]? や Shall I give you a hint? などと聞くことができる雰囲気作りも大切である。班（グループ）学習の場合には，お互いの意見や気持ちを出し合って，1つの答えにまとまる場合には発表者を立て，複数の意見がある場合には，それぞれの意見の持ち主に答えさせるのもよい。

Q4： 各課の内容について，単に暗唱に走るのではなく，生徒の気づきや生徒独自の発想を生かすには，どのような具体的な指導が考えられるか。

A4： 教員が，「教材内容に関してどのような質問をするか」が具体的な指導を考える基本になる。生徒に考えることを求める質問にはさまざまな切り口が考えられる。オーストラリアの New South Wales 州教育委員会は，Thinking に関する質問のキーワードとして 67 語の動詞をあげている（Morgan ＆ Saxton, 2006）。67 語では多すぎるので，Morgan ＆ Saxton は教育現場に応用するために，大別して 6 種類に整理している。

① Remembering：知識に関する質問

　小学校の外国語活動の時間に絵を見せて，What is the color

of the boy's cap? と聞くような場合である。基本的な色彩名が既習語になっているという前提である。

中学生であれば,「五山送り火」の写真を見せて次のように質問することも考えられる。

 T: Look at this picture, and ask me questions. Anyone?
 S: What is that fire?
 T: *Gozan Okuribi* in Kyoto.
 S: What's the meaning of that?
 T: It's a kind of bonfire. In *Obon* our ancestors come back for a short stay. We make bonfire when they go back as a guide to the other side. Do you also make bonfire in your town [village]?

② Understanding：理解に関する質問

理解が Speaking に現れるのは，話し手が相手の言ったことを言い換えたり (reword, rephrase)，自分の言葉で説明したり (explain)，述べたり (describe)，例をあげたり (illustrate) することができた場合である。

逆に言えば, What is meant by ...? / Can you rephrase ...? / Can you explain ...? と質問するときは，聞き手がどの程度理解しているかを確認したい場合である。

New Crown 2 (三省堂) の Lesson 4 の USE Read では，Why do they use *kaki* leaves for *kakinoha-zushi*? と質問することによって，柿の葉を使うことのメリットを理解しているかどうかを確認することができる。

次は，理解しているか，確認したいことがある場合の例である。教員が Can you describe her dress in your own words? と質問したときは，her dress の種類 (formal, informal, evening など) か，デザインあるいは色彩や材料などを回答として求めていることになる。

③ Solving：問題解決

物事を分類したり (classify)，選んだり (select, choose)，関連づけたり (relate)，応用したり (apply)，問題を解決する

121

(solve)場合などである。具体的な質問の形としては，次のような例があるだろう。

　　・If you can vote, who would you choose as our prime minister?
　　・How can we use this tool in our life?
　　・Did you solve the math assignment and how?

④ Reasoning：論理的に考える

　物事，行動，現象などを分析したり(analyze)，まとめたり(conclude)，論理的に考えたり(think logically)することで，次のような場合もその1例である。

　　A: I made three mistakes in today's math test, and I fell asleep during the test.
　　B: Why did you fall asleep during the test?
　　Question: Circle either *a*, *b* or *c*:
　　　a. I was sick.
　　　b. I worked too hard last night.
　　　c. I ate too much at lunch.

　これはa，b，cのいずれも正解になりうる，という意見も出るだろう。そして，その理由を述べるだろう。このように，生徒を正解に「追い込む」のではなく，考えて自分の意見を言いたくなるようにさせることがポイントである。

⑤ Creating：新しい視点から考える

　複数の要素あるいは材料を，新たな視点でまとめたり(combine)，改善したり(improve)，発展させたり(develop)，仮定したり(suppose)することで，次のような質問が考えられる。

　　・Can we combine these reasons to make a better explanation? If you think 'yes', how?
　　・What would happen if Mr A should become a prime minister?
　　・How do you feel if the teacher asks (you) these questions?

⑥ Judging：事物・行動・思考などの価値判断や評価を求めるもの

ここでは，生徒が判定したり (judge)，評価したり (assess)，批判したり (criticize)，賞賛したり (appraise) することが求められる。それは，複雑化した現代社会で「生きて」いくためには，日々我々が求められるものだからである。特に，年齢とともに判断や評価の能力が弱まっていく高齢化社会では，その弱みにつけ込む犯罪が後を絶たない。英語学習における Judging は，単なる1言語活動ではなく，「生きていく力」を養うことにも繋がっていることを教員は忘れてはならない。

New Crown 3 (三省堂) の Lesson 6 "I Have a Dream" を読んで，Rosa Parks / Martin Luther King, Jr. / Barack Obama から「自分は何を学んだか」，「自分はどんなことを感じたか」，「自分のクラスあるいは日本で問題が起きた場合，どういう行動をするか」について，知っている英語で書いてみようと指示する。そしてクラスで発表する活動を行う。これは生徒が Judging して話す活動である。

◆引用・参考文献◆

田窪行則・前川喜久雄・窪薗晴夫・本多清志・白井克彦・中川聖一 (1998)『岩波講座 言語の科学 2 音声』岩波書店

文部科学省 (2008)『中学校学習指導要領解説　外国語編』開隆堂出版

文部科学省 (2008)『小学校学習指導要領解説　外国語活動編』東洋館出版社

Bloom B. S. (1956). *Taxonomy of Educational Objectives, Handbook I : The Cognitive Domain.* New York: David McKay Co. Inc.

Morgan, N. & Saxton, J. (2006). *Asking Better Questions.* Ontario: Pembroke Publishers.

4-4 Reading の指導

　Reading は，かつて，文法訳読式の一部と見なされ，日本の英語教育における悪い指導の元凶とされたこともあったが，それは「読んで訳して，また読んで,何が何だか,さっぱりわからん」と都々逸風に揶揄された「訳読」のことであり，本来あるべき Reading は外国語学習においてだけでなく，すべての教科の基本となるものである。国際的に見ても，本来のリテラシー（Literacy）は，学校カリキュラムの基本であり，多くの職種に必須のものである。特に日本では，英語の授業時間以外に英語の音声の Input を求めても，テレビやラジオの教育番組を除けば極めて限られている。それだけに，Reading を他の3技能にも関連づけて活用することが極めて大切である。

　また，近年の語彙研究の結果，外国語能力構成要素と語彙力の相関は，非常に高いことがわかっている。例えば，語彙力と読解力の相関は 0.50-0.75 であり，外国語テスト得点における分散の 37-62％を説明できると言われている（Schmitt, 2010）。ところが，日本の英語教育における『中学校学習指導要領』（文部科学省，2008）においては，語彙指導に関する指導理念や指導方針が明示されていない。「語，連語及び慣用表現については，運用度の高いものを用い，活用することを通して定着を図るようにすること」（下線部は筆者）と「辞書の使い方に慣れ,活用できるようにすること」の2点を除けば，『中学校学習指導要領』の2「内容」の(3)「言語材料」の項で，上記下線部に関連して語数（1,200 語程度）と連語及び慣用表現の例が書いてあるだけである。

　『小学校学習指導要領』（外国語活動，文部科学省，2008）では，文字や単語の取り扱いについては次のようになっている。

　「外国語でのコミュニケーションを体験させる際には，音声面を中心とし，アルファベットなどの文字や単語の取扱いについては，児童の学習負担に配慮しつつ，音声によるコミュニケーションを補助するものとして用いること」

　これに関する説明においては，「…文字の指導については，例えば，アル

ファベットの活字体の大文字及び小文字に触れる段階にとどめる…」(下線部筆者)こと，さらに，「文字指導は，外国語の音声に慣れ親しんだ段階で開始するように配慮する」と記されている。しかし，「文字に触れる」という表現は抽象的・感覚的でわかりにくい。音声と文字とは最初から関連させて導入するほうがよい，という考え方もある (Clay, 2010)。これについては，本節の後半で再度検討する。本章では，それらを含めて具体的な指導のあり方を検討したい。

1. Reading Readiness

上述のように，小学校の外国語活動では，文字指導は「外国語の音声に慣れ親しんだ段階で開始するように配慮する」ことになっているので，中学校での Reading を始める前に Reading Readiness を確認するには，どのような視点からチェックすればよいだろうか。文部科学省の外国語活動に関する web サイトには，*Hi, friends!* の年間指導計画や学習指導案(例)がデータ (PDF ファイル) で用意されている。中学校教員はそれらを参照することによって，小学校での授業状況・内容について次の視点から具体的に知ることができる。

  a. 音読(肉声／録音)された話を聞くことができる。
  b. Chorus Reading に参加できる。
  c. Chants や教材を暗唱することができる。
  d. 読まれた語句を繰り返すことができる。
  e. 身の回りの既習一瞥語 (Learned Sight Vocabulary) の意味を言うことができる。

2. 『中学校学習指導要領』で求められている Reading 活動

『中学校学習指導要領』の「言語活動」では，「読むこと」について次の5点をあげている。

> （ア）　文字や符号を識別し，正しく読むこと。
> （イ）　書かれた内容を考えながら黙読したり，その内容が表現されるように音読すること。
> （ウ）　物語のあらすじや説明文の大切な部分などを正確に読み取ること。

> (エ)　伝言や手紙などの文章から書き手の意向を理解し，適切に応じること。
> (オ)　話の内容や書き手の意見などに対して感想を述べたり賛否やその理由を示したりなどすることができるよう，書かれた内容や考え方などをとらえること。

(ア)　文字や符号を識別し，正しく読むこと。

　ここで言う文字や符号とは，アルファベットの活字体の大文字及び小文字，並びに終止符，疑問符，コンマ，引用符，感嘆符など，基本的な符号である。しかし，文字や符号だけを出して練習させるという意味ではない。「…正しく読む」とは，「アルファベットの文字の形の違い，各符号のもつ意味や使い方などを認識した上で，英語の綴りを見て正しく発音できること」(文部科学省，2008, p.15)である。すなわち，語句や文の意味を理解した上で正しく読むことである。

(イ)　書かれた内容を考えながら黙読したり，その内容が表現されるように音読すること。

　黙読は，声を出さずに読み手に合った速度で読むことであり，難解な語句や文のところでは前に戻って読み返したりしながら，自分で納得のいく読み方をする場合である。一方，音読は声に出して，書かれた内容が表現されるように読むことである。

　近年，英米では storytelling が盛んであるが，これは「物語を語ること」であり，テキストをほとんど見なくても，台詞の部分は登場人物になりきって，地の文はナレーションの話し方で，ストーリーを語ることである。日本では民話の語り部の話がこれに相当する。

(ウ)　物語のあらすじや説明文の大切な部分などを正確に読み取ること。

① この活動の趣旨は，(ウ)の文を読めばほとんどの人は理解できるであろう。しかし，授業では具体的にどんなことをすればよいのであろうか。*New Crown*(三省堂, 2012)を例にとり，まず，次の段落を見てみよう。(*New Crown* 2, Lesson 8, USE Read)

第4章　教科書を使っての具体的な指導

> *Namaste.* It is one way to say hello or goodbye in India. India is located in South Asia. More than one billion people live there. They speak many languages. I speak three of them: Marathi, Hindi and English.

これは *namaste* というヒンディー語を切り口にして，インドという国を紹介している段落である。この文章を用いて(ウ)の言語活動を行うには，どのような質問をすればよいだろうか。＜ヒンディー語：*namas* (bowing) + *te* (to you)＞

 a. What is *namaste*? Can you say it in English?
 b. Where is India?
 c. How many people live there?
 d. How many languages do they speak?
 e. How many languages does Raj speak? What are they?

a～eの5問に答えることができれば，上の段落の主な要素を理解したことになる。

② 上掲の段落で始まる文章は，その後に4つの段落が続いている。標題は"India, My Country"である。この標題からは，いろいろな視点で文章を書くことができるが(例えば，宗教，言語，地理，教育など)，ここでは，Raj Shukla の個人的な体験をもとに「言語」を話題にして書き進めている。最初の段落が「主題」を導入しており，2～4の段落は，Raj が話せる3つの言語(Marathi, Hindi, English)について述べている。最後の段落は次の通りである。

> I learned a lot from each of my languages: Marathi, Hindi, and English. Now I am learning Japanese. All of them are special to me. *Arigato.*

③ Which is the concluding remark of this passage?

文章では，しばしば主題とほぼ同じ内容の文を，多少表現を変えて文章の末尾に置き，結びの文とすることがある。最後の段落がこれに相当する。Raj の言語学習の簡単なまとめと関連する事項(日本語を学習中)が述べられており，最後の *Arigato.* は，冒頭の *Namaste.* に対応し，バ

127

ランスよく収まっている。

「物語のあらすじ」では，登場人物は何人か，主人公は誰か，話の展開は大きく分けると何段階になるかなどを考えて，大きな流れをつかむことが大切である。

(エ)　伝言や手紙などの文章から書き手の意向を理解し，適切に応じること。

社会生活を円滑に営むには，市町村役場での手続きやいろいろな保険書への記入などさまざまな書類がある。観光目的の海外旅行においても記入すべき書類がある(税関申告書，携帯品・別送品申請書)。これらの書類を中学時代に実際に必要とする生徒の数は，一部の私立学校を除けばまだ微々たるものであろう。しかし，海外姉妹都市との交流などが珍しくない時代に入っているので，海外に行く場合に機内で書くことが必要になる最小限度の表現は，生徒の興味の喚起も兼ねて紹介するのもよいだろう。

また，ICTの時代に入って，ネット販売やネット・バンキングなど，注意して書き込みをしないと多額の請求をされる危険がある。生徒は，携帯電話やスマートホンを親の何倍も使用していることがあるので，このような危険な場面に出会う確率は，親の世代よりむしろ生徒の世代のほうが多いであろう。このように近年は，読み書きだけのリテラシーではなく，ITリテラシー，情報リテラシーなどが増えているので，相手の意向を理解し，適切に応じることの重要性が増している。

Hello, friends,
Here are some photos. They show my life at school.
This is my music class. I am playing the sax. Kevin is playing the trumpet. We are playing jazz. The class is a lot of fun.
(以下略)

(*New Crown* 1, Lesson 8, USE Read)

上記の教材は，「久美たちの学校の姉妹校のリサから，アメリカの学校の様子が書かれているメールが届きました。日本の学校の様子と比較しよう」という設定になっている。上記は4段落で構成されているメールの最初の段落である。

e-mailはもっと短い場合が多いが，この課の文章は，手紙文，e-mail，

ブログ (blog) などで活用できるパターンを含んでいるので，応用性の広い教材である。

　e-mail は簡潔明瞭に書くべきであるが，簡潔も度を過ぎるとかえってわかりにくくなるので留意する必要がある。また，See you.（ではまた，そのうちに）を CU と書いたり，as soon as possible を ASAP とするような略語は，親しい間柄に限定したほうがよい。絵文字も使いすぎは避けるべきである。

Lisa への返事の例：

> Hi, Lisa,
> Thank you for your photos of your music class.
> You are a sax player. That's nice.
> You are playing jazz with your classmates.
> That is a wonderful Lesson.
>
> 　　　　　　　　　　　　　　　　　　　Kumi

（オ）話の内容や書き手の意見などに対して感想を述べたり賛否やその理由を示したりなどすることができるよう，書かれた内容や考え方などをとらえること。

　この言語活動のポイントは，文章に書かれた事実をそのまま述べるのではなく，それに対して読者である生徒はどう考えるか（賛同，批判，反対，評価など）ということである。そのためには，文章の基本的単位である段落がどのような構造・流れになっているかを把握することが前提となる。

① 文章が時間的な流れに沿って書かれているか (after, finally などの語句があるか)。
② 順序・段階を踏んだ流れになっているか (first, second, last などの語句があるか)。
③ 原因・結果の関係になっているか (because, if, then などの語句があるか)。
④ 書かれていることは事実か意見か。これは現在のように情報過多の社会においては，記者，報道者，アナウンサー，コメンテーター等の意見なのか，それとも事実を客観的に報道したものかの識別が大切である。

3. 異文化理解の視点から

　日本では，英語科だけでなく他の教科及び領域に関連させて，異文化理解・国際理解を行うことになっている。しかし，学校現場での取り扱いは，地域によってあるいは学校によって，かなりまちまちである。その理由の1つに，「異文化」あるいは「国際理解」の中味が漠然としているので，学年ごとにどのようなシラバスに位置づけるのか，また「英語を用いて深められたか」という評価をするのは簡単ではない。特に「国際理解」は，それを盛り込んだ『学習指導要領』が告示された頃（1970年代），*Japan Times* 紙上で「Internationalization とは何か」について論争があったほどで，ビジネス関係者のとらえ方と教育現場でのとらえ方にもかなり大きなギャップがある（Blasdel, 2001）。むしろ，言葉は文化の一部であるから，英語科教育としては，英語と日本語の違い（身振り言語を含む）を取り扱うことによって国際理解教育に貢献できることを中心に計画し，地域に住む外国人の活用等については，プラス・アルファとして地域の実情に応じて考えるほうが準備しやすいのではないだろうか。

① Nursery Rhymes の活用

　Nursery Rhymes は英語圏で生まれ育った人々にとって，幼児期に耳から入った Nursery Rhymes の語句やリズムは一生涯消えないものである。小説や新聞記事の見出しの一部として使われることもある。Nursery Rhymes を，最初の数回は CD，DVD などを使って聞かせ，音に慣れてから，教員の説明を聞き，歌詞を見ながら再度聞く。このような活動を通して，英語そのものに根づいている文化を感覚的に理解することができれば，一つの方向目標としてカリキュラムに入れることができるであろう。

② 英語圏ですべて同じではないが，喜怒哀楽の表情（絵・写真）と感情を表す表現（a happy face, a sad face など）とを結びつける。

③ Phonetic Awareness の指導を通して，日本語・英語のリズムや音節構造の違いを理解させる。学習年数や習熟度に応じて，例示する単語を板書し，日本語で説明してもよいが，例えば次のように簡単な英語で指導するのもよい。（かっこ内は答え）

　　　a. What is the first sound in *run*?　（[r]）
　　　　How many syllables are there in *running*?（run-ning：2つ）

b. What sound is the same in *rat*, *run*, *ripe*?　([r])
　　　c. What do we have if we take [t] out of *stay*?　(say)
　　　　What sounds are the same among *stand*, *sand*, and *hand*?　([æ], [n], [d])
④　単語の語頭，語中，語尾の文字と音とを，語を表すつづりを絵にかいて（例：s t a y），単語内の音素・音節と音や強勢（stress）との関連性を理解させる。
⑤　生い立ちや伝記が簡潔に記された文章を文単位に分けて，その文章構造がわかるように並べさせる。これには英語圏の幼児用に書かれた，非常に簡潔な伝記物語が参考になる。

4. 生徒の将来のニーズに応える語彙指導のあり方

　日本におけるこれまでの『学習指導要領　外国語編・英語編』では，4技能，文法，言語活動，コミュニケーションなどがキーワードであり，教科として何を目的にして学ぶべきかについて，はっきりした理念がなかったように思う。教科としての目標は『学習指導要領』の冒頭に出ている。しかし，目的というと，入試のためにとか，採用試験のためにというのが本音の強い部分である。「英語を使えるようになるために」という目的を持っている生徒もいるが，それが一種の憧れに留まって実現できないでいるのが日本の英語教育の不幸である。
　学校で外国語を学ぶ場合は，少なくとも次の3つの目的が不可欠である。そして，この3つの目的に合致した語彙指導を行っていくとよいと考える。
　　　(1) 自分自身について語るため (personal)
　　　(2) 社会の中で円滑な人間関係を構築するため (social)
　　　(3) 学校の勉強で必要な基本的知識・思考のため (academic)

(1) 自分自身について語るため (personal)
　自分の考え，感情，個人史など。学校に入学して，まず，自分の名前，趣味などを紹介し，学校・学級内での基本的人間関係を構築する。これは社会人となって就職した職場でも同様である。

(2) 社会の中で円滑な人間関係を構築するため (social)
　(1)で述べたように，学校，クラスはミニ・コミュニティーであり，あ

いさつ，助け合い，議論，学校行事などを通して，喜怒哀楽を共有する場所である。日本では「腹芸」などという言葉があるように，言葉で意見を交換することに慣れていないため，英語でのディスカッションやディベートが不得意である。それは必ずしも流ちょうな会話力という意味ではない。人の心を動かすのは表面的な会話の滑らかさではなく，相手の心に響く中味である。かつて，日本のビジネスマンたちは，決して流ちょうとは言えない英語力を駆使して，日本の電気製品や自動車を世界に売りさばいたのである。製品のよさもあったであろうが，顧客との人間関係の構築には，ペラペラ英語よりも人間として信頼してもらえるかということのほうがより大切である。

The WIDA® Standards（米国版 CAN-DO リストで，Vermont 他 18 州で採用されている）では，次の 5 段階から構成されている。各 Standard のイタリック体の部分に注意を向けてほしい。

Standard 1: English language learners communicate *for Social and Instructional purposes* within the school setting

Standard 2: English language learners communicate information, ideas, and concepts necessary *for academic success in the content area of Language Arts*

Standard 3: English language learners communicate information, ideas, and concepts necessary *for academic success in the content area of Mathematics*

Standard 4: English language learners communicate information, ideas, and concepts necessary *for academic success in the content area of Science*

Standard 5: English language learners communicate information, ideas, and concepts necessary *for academic success in the content area of Social Studies*

筆者が高校教員をしていた頃の教え子で理学部に進んだ人に卒業後数十年経って再会したとき，高校の理科の教科書に日本語と英語で併記された

索引があれば，理系に進んだ人はかなり助かると思うと言われたことがある。このことは，日本の英語教育における語彙指導が，学習者のニーズに十分応えていないことを物語っている。

また，米国の Massachusetts 州教育委員会では，語彙指導に関して次のような目標を掲げている。Students will comprehend and communicate orally, using English vocabulary *for personal, social, and academic purposes.*

さらに，その目標達成のために行われる Academic Interaction においては，Students will comprehend and communicate orally, using English vocabulary in academic settings. と記されている。その Academic Interaction でどんな活動が行われているのか，コミュニケーションに関連するものを列挙してみよう。

① 授業の基本的行動に関するもの
  ・Give one-step directions.
  ・Make and respond to oral requests.
  ・Express confusion.
  ・Ask and respond to questions to clarify information.
  ・Ask and respond to questions (*Who? / What? / Where? / When?*) based on a text that is heard.
  ・Retell events in a simple or familiar story using relevant words and phrases.
  ・Restate a main event from a story that is heard.
  ・Respond briefly to questions on academic content.
② 論理の展開に関するもの
  ・Retell steps of a process in logical order.
  ・Retell the beginning, middle, and end of a story that is heard.
  ・Compare and contrast information orally.
  ・Make predictions or inferences based on a story or information that has been heard.
  ・Participate in reaching consensus in groups.
③ 理解したことを分析・整理し，自分の考えを持つこと
  ・Respond to factual and inferential questions that are based on academic content.

- Describe how two things within a given academic content are alike or different.
- Summarize a story orally.
- State a position and support [justify] it.
- Participate in classroom discussions and activities, when frequent clarification is given.

(3) 学校の勉強で必要な基本的知識・思考のため (academic)

　日本ではアカデミックというと，何か高級な機関や研究を連想させることが多いかもしれないが，勉強には基本的な思考が必要であり，それは幼稚園からすでに始まっている。かつて，オーラル・コミュニケーションが『高等学校学習指導要領』に教科として登場したとき，一部の大学教官から「日常生活の陳腐な英会話など時間の浪費だ」という批判が出た背景には，Basic Interpersonal Communication Skills (BICS) の語彙とCognitive Academic Language Proficiency (CALP) との語彙の違いがあるかもしれないが，日本の英語教育で導入される語彙の選択には，「学習に必要な基本的思考や論理」というカテゴリーをもっと整理・拡充して，高校から大学にかけて，The WIDA® Standardsのような視点からの語彙の段階的導入を検討する必要がある。

5. Reading Strategies の検証

　Readingに関する研究は，学会発表，研究論文（印刷・電子），図書の形で，毎年膨大な量の情報が出る。その中から日本の英語教育に本当に役に立つ資料を探すのはかなりの時間とエネルギーを必要とする。しかし，What Works Clearinghouse (WWC：米国教育省の付属機関) などは，研究内容をチェックし，全体を簡潔に要約した上で，その有効性などの指標を提供してくれるので，適宜活用すると，いろいろ参考になることが多い。*WWC Intervention Report* に掲載される論文は，その機関の *Procedures and Standards Handbook* (Version 2.1) に記載されている厳密な条件をクリアした論文であり，有意差に加えて効果量 (Effect Size) と改善指数 (Improvement Index) も添えてあるので，授業で実際に使ってみた場合の効果を推定できる。ただし，英語で書かれた論文を評価する場合の常識的なポイントについて知っていることが必要である。Readingの指導にお

いては，Skill とか Strategy という用語が用いられることがある。しかし，両者の違いは，教員や研究者によって必ずしも一様ではない。それは学習者の英語力が高まるにつれて，以前使用したのと同じ Skill, Strategy であっても，学習者が成長すればもう使う必要性がなくなっている場合もあるからである。下記にリストアップしたのは，Grabe (2009) が整理してまとめたものである。一般的な Reading Strategies については下記を参考にされたい。

≪A. 実験的に証明された読解ストラテジー≫
　・Activating Prior Knowledge（既習知識の活性化）
　・Answering Questions and Elaborative Interrogations
　　（質問及び意図的質疑）
　・Constructing Mental Images（概念のイメージ化）
　・Forming Questions（質問作成）
　・Making Associations（Mnemonic Support）（＜記憶術的＞連想）
　・Previewing（下見）
　・Summarization（要約）
　・Text-structure Awareness and Story Grammars
　　（文構造への気づきと語りの文法）
　・Using Graphic Organizers（図示）

≪B. 実証された複合ストラテジー指導で用いられる間接的に支持されている読解ストラテジー≫
　・Clarifying（明確化）
　・Establishing Goals for Reading（読解目標設定）
　・Inferencing（Using Context）（文脈に基づく推測）
　・(Mental) Translating（＜頭の中で＞訳する）
　・Paraphrasing　（言い換え）
　・Predicting（予測）
　・Pre-Reading（下読み）
　・Reading Aloud（for Modeling, for Fluency）（音読）＜範読用＞
　・Synthesizing Information（情報統合）
　・Taking Notes（メモする）

6. Reading に関する具体的な指導法

次に，これまで述べてきた知見に基づき，さまざまな角度から具体的な指導法や指導に当たっての留意点などについて，Q＆Aの形で述べてみよう。

Q1： bottom-up 的な積み上げ型か，top-down 的な枝分かれ型か。

A1： これはどちらがよいか，という問題ではなく，生徒の英語力と文章の難易度によって使い分けるべきものである。英語力の低い生徒の場合は単語レベルからの積み上げ型のほうがよい。しかし，高い英語力の生徒にはトップダウンが合っている。これは両者に同じ難易度の教材を使った場合である。高い英語力の生徒であっても，教材の難易度が本人の英語レベルを大きく超えている場合には，積み上げ型も併用する必要があるだろう。

Q2： 単語，句，文などの文字と音声との関連を指導するためにフラッシュカードを活用している教員が多いが，大した効果が認められないと考えている教員が少なくない。フラッシュカードを補強したり，それに代わる指導方法や技術はないか。

A2： Speaking の指導（第 4 章 4-3）で述べたように，英語と日本語は文字と音節との関係が根本的に異なる。英語では複数の文字で 1 音節を構成することは珍しくないが，日本語では仮名で書いた場合，1 文字が 1 音節（モーラともいう）となる。第 1 言語が日本語である生徒に英語を教える場合には，英語のつづりと音節の関係をしっかり指導することが必要である。音素を構成するつづりを色別にして対応する音声との関連を Input することが大切である。例えば，bat と bad は仮名表記すると ［バット］［バッド］となるが（3 モーラ），英語では [bæt] [bæd] で，3 つの符号で 1 音節である（bad のほうが少し長くなるのは有声音 [d] で終わっているから）。

Q3： Reading passage に未知の単語が入っていると戸惑ってしまう生徒が多い。つまり，すべての言語材料を理解するまでは不安なのか文章の意味を把握できないでいる。これは，従来の読みの指導の弊害だと思われる。passage を読ませる前に，理解

第4章　教科書を使っての具体的な指導

に必要な情報をすべて教えるといったこれまでの指導法はいかがなものか。

A3：　第1言語においても外国語においても，知らない単語があるのは当然である。第1言語の場合は，日常生活で絶えず言葉のやり取り(Interaction)によるInputがあるので，未知の単語は自然に習得される。外国語の場合は，学習環境によってInput量に大きな差がある。典型的な日本の学習環境ではInputは授業だけなので，学習者は強固な意志を持ってテレビやラジオの語学番組や音声教材を視聴することと，教員は授業を最大限に活用して正しい音声Inputを増やす努力をすることが大切である。さらに，未知語・新出語の意味を推測する習慣を，学習の初期の段階から少しずつ身につけることができるように教員の計画的な指導が必要である。主な例を下にあげる。

① 文脈から未知語の意味を推測するのに役立つ信号になるような単語(Signal Words)を教材から拾い出して説明する。例えば，場所や時間に関連する語句はないか，順序に関する語句はないか，対照や原因・結果に関連する語句はないかなど。

② 未知語の特徴を示す接頭辞や接尾辞はないか。
　　例：re-(再)，sub-(下)，bi-(2つ)，-ness(抽象名詞の語尾)，-ly(副詞の語尾)など。例外もあるが，当てはまる場合のほうが多い。

③ 文中の場所によって意味や機能が異なる単語はないか。
　　例：kind, produce, recordなど。辞書をひいて確かめさせる。

④ 語彙に対する生徒の興味・関心を高めるために，仮名表記の外来語として生徒が知っている単語で，ラテン語，ギリシャ語由来の語にある接頭辞の意味を紹介する。
　　例：auto-, super-, chrono-(時間)，trans-(横切って，通って)，circum-(取り巻く)

Q4：　長めの英語の文章を抵抗なく読める生徒を育てるにはどんな指導がよいか。

137

A4： 教科書のLesson（課）をセクション（パート）ごとに順繰りに扱い，一字一句の意味を教えることが最終目標であるような指導から脱皮することである。それには，指導過程が毎回同じ授業ではなく，各授業時間の指導ポイントに特徴を持たせ，Lesson全体でバランスのとれた指導過程にすることである。

参考までに，*New Crown*（三省堂，2012）の指導の流れを下にあげ，USE Readの指導事例を示すことにする。
① 学習の見通しを立てる「とびら」
② 基礎・基本を習得するGET
③ 習得したもの（Reading）を活用するUSE Read
④ 習得したもの（3技能：Listening, Speaking, Writing）を活用するUSE Listen / Speak / Write
⑤ 習得したものを統合して活用するUSE Mini-project
⑥ 身につけたことを確認するまとめ

《USE Readの指導事例》
New Crown 2のLesson 5のタイトルは"My Dream"である。「自分の夢」についてスピーチをするというレッスン構成になっている。この課で導入される新言語材料の大きなポイントは，不定詞の（名詞・副詞・形容詞）用法である。USE Readの本文の前半1/3は次のようになっている。

> Hello, everyone.
> What do you want to be? We all have dreams. I want to be a fireworks artist. I have two main reasons.
> First, making fireworks is worth doing. This summer, I went to a festival to watch fireworks. Everyone enjoyed them. A few days later, I talked with a fireworks artist. I learned making fireworks is hard and dangerous. But if I make them, I can have fun and give pleasure to others.

第4章　教科書を使っての具体的な指導

　最初の1行は，スピーチにおける短いあいさつである。内容的には2行目の What do you want to be? で，スピーチの attention getting（聴衆を引きつける）を兼ねて，自然な文脈の中で，この課の言語材料の不定詞を出している。従来の指導では，ややもすれば，授業の最初（導入）から最後（まとめ・応用）まで不定詞づくしになりがちであったが，言語材料はコミュニケーションの手段であり，この課の最終目標ではない。最終目標は「夢を語る」ことである。CAN-DO 記述文（第5章 5-2 参照）で表現すれば，I can talk about my dream; I want to be a fireworks artist. である。つまり「言葉の働き」で言えば，「情報を伝える」（具体的内容は花火師になりたい）ことである。何故，花火師になりたいのか。I have two main reasons. という主題文（Topic Sentence）で，理由は2つあると明快な論理構造になっている。2つ目の理由は，上記の次の段落（教科書では次ページの最初）で述べられている。

　この課の中心言語材料である不定詞については，Part 1, Part 2 ですでに練習している。それに続く上記テキストの部分（USE Read）では，Pre-Reading, In-Reading, Post-Reading を行うことになっている。これら3つの読解活動には，それぞれ重要な目的がある。

Pre-Reading：
　読解活動に入る直前に，扱われているトピック，物語の背景，読む目的などにかかわる活動である。居住地域における花火大会，幼少時における線香花火の思い出，関連するお祭りなど，生徒に自由に意見や感想を出させることによって，この課の題材を読む動機や関心を高めるのがねらいである。例えば，生徒に対して次のような問いかけをするとよい。

　　・What is Kumi's speech? What does she want to be?
　　　（She wants to be a fireworks artist.）
　　・Why（does she want to be a fireworks artist）？
　　　（Making fireworks is worth doing. / If she makes them, she can give pleasure to others.）

139

"My Dream"の次の段落では，久美が花火師になりたいもう1つの理由を述べている。

ここでは久美が好きな日本の伝統的なものとの関連性である。

> Second, I like Japanese traditions. Last year I went to a museum. I saw some *ukiyoe* pictures of fireworks. I learned fireworks have a long history in Japan. I am interested in traditional shapes and colors of fireworks. I want to learn these and make new ones.

In-Reading：
読解活動の中核部分で，テーマ，トピック，主題文，指示文，スキーマ（文章構造），結論などに関する活動である。テキストに沿って情報を読み取っていくので，on the line の活動から始まって，行間の意味を推測する between the lines の活動へと進み，生徒が過去の経験を振り返ったり，読後のイメージを膨らませたりする beyond the lines の活動を行う。

 T: Where did Kumi go last year?
 S: She went to a museum.
 T: What did she see in the museum?
 S: She saw some *ukiyoe* (pictures of fireworks).
 T: What did she learn from them?
 S: She learned fireworks have a long history (in Japan).
 T: What will she do about fireworks?
 S: (I think) she will make her own modern fireworks.

次は最後の段落である。

> In conclusion, the sight and sound of fireworks disappear in a moment, but they remain forever in people's minds. Such memories give pleasure to everyone. So, I want to be a fireworks artist. I have a lot of things to learn. But I will do my best. That is my dream.

「花火師になりたい」という久美のスピーチを聞いて，生徒はさまざまな思いを持つだろう。どんなことを思い，何を考えるだろうか。

漠然と話し合わせても生徒は戸惑うだろう。そこで，久美が「花火師になりたい」という2つの理由について，「久美の思いを探ってみよう」と焦点を絞って考えさせ，班ごとにまとめさせるのも一案である。このとき，生徒にはできるだけ英語で答えさせるとよい。

教師からのヒントの例をあげると，次のようになる。

① 《Everyone enjoyed fireworks at a festival.》に関連して
　There are many summer festivals in Japan. Often we can watch fireworks. Where are they usually held? What clothes do you [people] wear?

② 《Fireworks are one of the Japanese traditions.》に関連して
　People enjoy fireworks at home too. What kind of fireworks are they? We have other chances to watch fireworks. What are they? Give me some examples.

Post-Reading:
　In-Readingでまとめた考えや情報をもとに，"My Memory about Fireworks"や"Why are fireworks important in Japan?"などのテーマで，10文くらいの文章にまとめさせる。

その際,論理的で説得力のある文章構成を考えさせ,First(最初に) / Second(次に) / In conclusion(終わりに,結論として)などの用語を使わせたい。

◆引用・参考文献◆
文部科学省(2008)『中学校学習指導要領解説　外国語編』開隆堂出版
文部科学省(2008)『小学校学習指導要領解説　外国語活動編』東洋館出版社
Blasdel, C. Y. (2001). 'Now that's what I call Internationalism'
　　http://www.japantimes.co.jp/print/fm20010520cb.html
　　(Retrieved on November 19, 2012)
Clay, M. M. (2001). *Change Over Time in Children's Literacy Development.*
　　Portsmouth: Heinemann.
Grabe, William. (2009). *Reading in a Second Language: Moving from Theory to Practice.* New York: Cambridge University Press.
Nation, I.S.P. (2009). *Teaching ESL/EFL Reading and Writing.* New York：Routledge, Taylor & Francis.
Schmitt, N. (2010). *Researching Vocabulary: A Vocabulary Research Manual.*
　　London: Palgrave Macmillan.
Stoller, Fredrica L. (2002). *Teaching and Researching Reading.* Essex: Pearson Education Limited.
WIDA Consortium. (2009). *The English Language Learner CAN DO Booklet.*
　　2009 Board of Regents of the University of Wisconsin System, on behalf of the WIDA Consortium.

4-5 Writing の指導

1. はじめに
(1) 新しい『学習指導要領』で何が変わったか
　Writing の指導についての提案をするに当たり，新しい『中学校学習指導要領』（文部科学省，2008）のうち，主として Writing の指導に関連する部分について理解を深めたいと思う。なお，アルファベットの指導法については，本章 4-1 の「文字の指導」を参照していただきたい。
① 目標について：目標の中に「聞くこと，話すこと，読むこと，書くことなどのコミュニケーション能力の基礎を養う」ことが含まれている。
　2002年実施の『学習指導要領』までは，「文字を媒体とするコミュニケーション能力の基礎を養う」ことは目標に含まれていなかった。これからの英語教育では，Writing によるコミュニケーション能力の基礎力育成にかなりのエネルギーを傾注する必要がある。外国語活動との接続や授業時数が週1時間増えたこと，さらには高等学校の英語教育との接続の問題とも関わっており，中学校英語教育が目指すべき教育内容が大きく変わったわけである。英語教育に携わる者は，まず，このことを肝に銘じるべきである。
② 言語活動について：「実践的な運用能力を養う」ことが求められている。従来以上に，「現実的な場面」に基づき，「相手や目的」を明確に想定して，自分の気持ちや考え，主張などを実際に英語で表現する機会を増やしていかなければならない。
　また，「聞いたり読んだりしたことについて賛否やその理由を書ける」ようになったり，読み手に正しく伝わるように「文と文のつながりなどに注意して文章を書く」ことが求められている。このことを簡潔にまとめると，「聞いたり読んだりした他者の考えや意見について，自分の判断などを論理的にわかりやすくまとめ，文章の形で表現することができるようになる」ことが求められているのである。
　このような「書く力」は，Listening や Reading の学力養成や論理的思考の訓練とともに，総合的に育成することが必要であり，「内容のある文章を書く」経験を日常的に重ねることが大切である。

③　これまでの Writing 指導においては，文法の規則の習熟や基本的な文の定着をねらいとすることが多く，one sentence level の Writing が多かった。既習の文法事項を応用して簡単な sentence を書くといった基本的な訓練を継続して行い，基礎的な学力の定着を図ることの必要性は当然のことである。しかし，今後は発想を変えて，文章レベルのまとまった内容の Writing 能力育成の指導の必要性についても，強く意識することが重要である。

④　教員自身が生徒のレベルに応じて，さまざまな場面や話題に基づいて Writing の model を常に提供できるよう，日常的に準備していることが望ましい。

(2) 指導に当たっての大切な指導原則

　外国語活動との効果的な接続を考える。この点についての要点は本章4-1 を参照されたい。ただし，次の点に関して正しく認識していただきたい。
　Writing に関しては，アルファベットの大文字と小文字を見て，音声化することと書くことを体験していることになっている。しかし，英単語を見て音読したりつづり方を学んではいない。

①　the days of the week, names of the months, weather words, greeting words (fine, hungry, happy, etc.) など，その他授業で頻繁に使われた語句については，いわゆる sight-words (見て意味が判読できる単語) として学んでいることがある。

②　同じ中学校に複数の小学校の児童が入学する場合には，ALT による授業数など教育環境の違いから，生徒の英語の学力には学校差があると考えたほうがよい。また，第2章 2-1 で指摘したように，生徒の個人差もかなり大きいことが明らかになっている。

③　一般的には，生徒は「外国語活動」の目標に沿って基本的な英語の音声に親しんでいる。このため，中学校に進学すると，英語教育の専門家が担当する英語の授業では，一層多量の英語に触れることができるものと，生徒は期待している。生徒の，この純粋な期待を決して裏切ってはならない。期待通りの (あるいは期待以上の) 英語教育が継続・発展できるのかどうかが，中学校英語教育の将来を大きく左右していくことになる。このことをすべての中学校教員が強く意識し，努力することが求められている。

(3) Writing に関する教科書の編集方針の理解

　当然のことながら，教科書により，その内容や編集方針にはそれぞれ特徴がある。いずれの教科書も緻密な研究や工夫により，Writing の指導体系は大きく異なっている。従って，使用する教科書の編集方針（どうすれば『学習指導要領』の求める Writing の力量が習得できるか）については，その概要（または体系）を理解することが肝要である。優れている面は積極的に活用し，不足気味と思われる点は，補足・強化していくことが大切である。

　例えば，「書き文字に近い書体」の a b c d e f g（X 式と呼ぶことにする）と「活字体の代表例」である a b c d e f g（Y 式と呼ぶことにする）の使い分けを，各教科書（平成 24 年度版）はそれぞれに工夫した編集方針を採用している。文字の習得に苦労している生徒が多いだけに大切な問題である。*New Crown*（三省堂，2012）の場合を見てみよう。

《X 式》

Paul: **Look at these men drinking water.**

Kumi: **What about it?**

Paul: **This photo taken in 1962 shows a dark side of the history of the United States.**

　　　　　　　　　　(*New Crown* 3, Lesson 6, GET Part 1)

《Y 式》

　One afternoon in 1955, a black woman in Alabama was going home from work. She took a seat on the bus. Midway through the trip, the driver said, "Give up your seat to this white man."

　　　　　　　　　　(*New Crown* 3, Lesson 6, USE Read)

各学年共通で，各課（Lesson の GET, We're Talking）の本文，基本文，Write などの個別の skill-up 中心の活動のモデル文，文法の要点が X 式になっている。また Reading 用の教材（USE Read, Let's Read, Further Reading）に関しては，X 式と Y 式が用いられている。

第 1 学年は Reading 用の教材以外は基本的には X 式であり，第 2 学年以降は，GET の Practice などの活動用の例文には，Y 式が用いられている。

New Crown の編集方針として明確なことは，比較的学びやすく，教員が板書等に使う X 式を主たる文字として使用している，と言える。また，生徒が使う文字としては 3 学年間を通して X 式を期待している。板書や生徒の使う文字は X 式，読み物教材や教員が作成するプリント類は Y 式，といった具合に機能別に文字が選ばれ，両方の型に自然になじむことが期待されている。

2. Writing の指導法について

New Crown を例に，その特徴（考え方）の主な点を拾ってみよう。

Writing はおおむね下記の順に徐々に「文字で表現する」ことになじむよう活動が工夫されている。

① 第 1 学年 Get Ready—外国語活動の復習（アルファベットの大文字と小文字や，小学校で親しんだ単語の発音と絵などとの結びつき）：

本課に入る前に，Get Ready の絵には，sight-words として spellings が添えられている。

② 第 1 学年 Lesson 1 ～ 3：

最初の 3 つの Lesson は，各パートが見開き 2 ページから成り立っており，左側のページは，小学校で親しんできた英語の対話を聞いて，線で結んだり，正しい答えを選んで，数字や記号を（　）の中に挿入するなど，いわゆる TPR の手法を用いた活動を提供し，右側のページは，左側の対話のシナリオを載せている。文字化された英文に正式に目を通すのは生徒にとって初めての経験であり，Lesson 全体が外国語活動から中学校英語への橋渡しとなっている。また，対話文から一部の sentence を抽出し，Punctuation Marks（句読点）を含め，英語の文字の書き方を指導することになっている。

③ 第 1 学年の Lesson 4 以降：

中学校としての本格的なテキストの構成が始まっている。各学年とも，基礎・基本を習得させることを目指す活動 (pattern 化した drill) と，指導要領で求められている発展的な Writing 能力を習得させる活動とに分類できる。

(1) 基礎・基本を習得させるための活動 (pattern 化された drill)

すべての Lesson の各 Part には，その Part で学ぶ新しい文法項目 (基本文：POINT) が示されている。その下には言語活動の Drill が配置されている。学年を問わず (第1学年の Lesson 1～3 を除く)，この言語活動では，生徒は4つのイラストを見ながら，その文法項目を含む短い文を≪1 Listen ⇒ 2 Repeat ⇒ 3 Say ⇒ 4 Write ≫の順に drill をする仕組みになっている。第2学年の Lesson 4 の GET Part 1 の例を示してみよう。

新しい文法項目 (POINT) ⇒ There is[are] ～. 構文

≪ Listen ≫ 教員や CD の発する次の4つの英文を聞いて，イラストと英文の内容を理解する。

・There is a nice shop in this town.
・There is a big park in this town.
・There is a new stadium in this town.
・There are good restaurants in this town.

≪ Repeat ≫ 続いて，上記の英文を CD などの後に続いて繰り返す。

≪ Say ≫ 教員や CD から発するヒントをもとに，イラストを見ながら上記の英文を言う。そしてヒントなしに，一人ひとりがこれらの英文をすらすら言えるまで発話練習する。練習方法としては，ペアを組んで，1人がイラストを指して他方が英文を話したり，日本語を言う生徒と英語に転換する生徒に役割分担するなどといった方法が考えられる。

≪ Write ≫ 最後の段階として，イラストを見ながら，英文を想起して書くことにより，英語の定着を図る。

(2) 機械的 (mechanical) な drill から意味のある (meaningful) drill へ高める工夫

(1) の段階により，特定の文法項目を使って簡単な英文を書く力は期待できる。しかし，それだけでは十分な力が習得できるとは言えない。そこ

で，Drillの後に配置されている言語活動のPracticeで，新しい場面を提示して応用練習を行う。活動は≪1 Listen ⇒ 2 Speak ⇒ 3 Write ≫のステップを踏んで練習する仕組みになっている。

① 第2学年のPracticeの特徴を次の事例(Lesson 4, GET Part 1)から見てみよう。
≪Listen≫ 3名の登場人物が，自分の部屋についてイラストを示しながら説明している。このCDを聞きながら，生徒は誰の部屋かを3つのイラストの中から特定する活動である。説明文の1つを例示すると次の通りである。

Takashi(貴史)： I'll tell you about my room. There is a window in my room. There's a table on the floor. I usually study there. There's a TV by the table. I like my room.

≪Speak≫ pairまたはgroup活動である。生徒は自分の部屋を絵にかいて，Takashi(貴史)の説明にならって，絵を見せながら友達に説明する。

≪Write≫ 次に示す例にならって，自分の理想の部屋について書く活動である。

・There is a big window in my room.
・There are two bookcases in my room.

与えられた1つの英文をコピーする段階から，自分で考えて，お目当ての文法事項を含む2～3の英文を書く段階へと進んだことになる。

第3学年になると，≪Listen ⇒ Speak ⇒ Write≫というPracticeの学習の流れは変わらないが，≪Write≫の中身は徐々に高度になっている。

② 第3学年のPracticeの特徴を，次の事例(Lesson 6, GET Part 2)から見てみよう。

新しい文法項目(基本文：POINT) ⇒ 後置修飾

≪Listen≫ 2名の登場人物が，これまで読んだ本や訪れた国について説明している。このCDを聞きながら，生徒は読んだ本や訪れた国を3つのイラストの中から特定する活動である。

≪Speak≫　生徒はペアでこれまでに見た映画について，相手にたずね合う活動である。

　　　A: What's the best movie you've ever seen?
　　　B: "Stand by Me" is the best movie I've ever seen.
　　　A: What did you like about it?
　　　B: I liked the story.
　　　A: What did you learn from it?
　　　B: I learned about friendship.

≪Write≫　次に示す例にならって，≪Speak≫で話した内容を書く活動である。

　　　The best movie I have ever seen is "Stand by Me". I liked the story. I learned about friendship.

　上記のような活動を継続的に重ねると，『学習指導要領』で求められている Writing 能力のうち，自分の好みや考えや気持ちをわかりやすくまとめ，自己主張や好みなどについては，その理由を添えて表現する力が次第に養われていくものと思われる。

(3) 単なる drill から practical use へ

　上記の (2) ような Writing Activities だけでは，文法ルールの応用といった域を出ることができない。発想を変えて Writing に取り組まなければならない領域があるはずである。そのために New Crown では「USE Write」という別枠を設け，日常的な「話題」や「場面」を設定し，英語の運用力の向上をめざしている。

＜第1学年＞	・友達へグリーティングカードを書こう。
＜第2学年＞	・春休みのできごとの絵日記を書こう。
	・町の名所（水族館，寺など）の紹介文を書こう。
	・（目的を持って，問い合わせの）手紙を書こう。
＜第3学年＞	・（環境問題，飢餓の問題など）大切なメッセージを書こう。
	・20歳の自分に手紙を書こう。

　これらにほぼ共通していることは，①モデルとなる文章（形式など）が与

149

えられている，②内容に含めるべき事柄が与えられている，③比較的短い文章が求められている，④使用すべき文法項目は特に指定されていない，という4点である。

第2学年の日記のモデルの文章（ALTが書いたという設定）を紹介しよう。

> March 28
> 　The English club had a farewell party for me today. The students sang songs and did a play in English. I liked the songs and the play very much. I had a good time. My students are very special to me.
> 　　　　　　　　　　（*New Crown* 2, Lesson 1, USE Write）

上記を参考に，生徒は次の条件に配慮して日記を書くことになっている。

> 条件1．春休みに体験したことを書く。
> 条件2．モデル文のように，「感想」や「気持ち」も含めて書こう。

TMには次の例が載っている。

> March 30
> 　Today I went to school for the computer club activity. I studied about programming. I learned a lot from other members. I had a wonderful time.

　以上，*New Crown* についてWritingの学習過程を見てきた。すべてを総合して考えると，「英語でものを書く」という学力が育っていく「学習の流れ」が明確になり，英語教育の効果にも期待が持てそうに思う。
　しかし，「果たして大丈夫か」という不安も感じられる。その不安に向き合い，克服することによって，さらに英語教育が改善されることと思う。その不安（問題点）とは何か。そして，どうしたらその不安が克服できるだろうか。

3. 問題点とその解決法について

　問題点として2つあげ，解決法に迫ってみたいと思う。

1つは，教員も生徒もともに，日常的に「書くこと」に関わっていくことが必要だということである。*New Crown* が提唱している「学びの過程」には期待できる反面，別枠の Writing にしても，年に数回の授業にすぎず，不安が残る。生徒にとっては，もっともっと英語の Writing に，そして英語そのものに関わる機会が必要である。もう1つの問題は，Writing に対する教員と生徒双方の積極的な姿勢がほしい，ということである。これらについて，次に具体的に述べる。

(1)「書くこと (Writing)」に日常的に関わることについて
　まず，教員は生徒が日常的に意味のある英語 (使用) に触れるよう工夫しなければならない。英語の文法や単語を，英語の使用場面から離れて個々に記憶することの効果には限界があり，意味のある場面で実際に使われる英語に日常的に触れていることが，英語の習得にとって欠かせないからである。また，そのことこそが，英語を学ぶことの楽しさを生徒に実感させる貴重な機会となり，生徒の興味や関心を高める結果をもたらすのである。
　指導者としてどのようなことができるだろうか。具体案をいくつかあげてみたい。

① 授業の初めや途中のタイミングをとらえて，生徒にとって興味のあることを，ほんの短時間，わかりやすい英語で話すよう心がけてほしい。

＜例1＞
　授業の初めに，"How is the weather today?" "It's fine [cloudy, rainy, snowy]." という対話を生徒と交わしている教員が少なくない。weather words を初めて導入している時期ならばいざ知らず，一年中繰り返していることはあまり意味がない。しかし，生徒の何の変哲もない答えに続けて，例えば次のように話を続けてみよう。

> Yes, it's fine today. How was the weather yesterday? Right. It was also fine but I like yesterday's weather better. Do you know why? Almost no wind. How about today's weather? Very windy. I'm very sad. You know the cherry blossoms are very beautiful now. But the cherry blossoms

will be all gone.　Next Sunday I'm going to see the cherry blossoms.　Do you think the cherry blossoms will be still beautiful next Sunday?

　ほぼ同じ内容をプリントアウトして，翌日の授業の初めに配布して読ませたい。未習の言語材料が多少含まれていても構わない。生徒のレベルに応じて加筆・削除をすればよい。毎回でなくともよい。学校の行事や町の祭り，個人的な体験，生徒にとって興味や関心の高い事柄を工夫して話し，そして書くことである。
　このような具合に，教員の生の経験や考え，気持ちなどを英語で頻繁に触れていれば，英語の理解力が自然に身につくだけでなく，英語を書くことの魅力を覚え，Writing を身近に感ずるようになるだろう。

＜例2＞
　教科書で現在教えているレッスンに関係した話題について軽く話してみることを勧めたい。例えば，*New Crown 2* の Lesson 6 は Australia の Uluru が題材になっている。筆者だったら次のような話をしてみたい。話した直後でも，次回の授業の折でもよいが，必ずプリントアウトして，文字に親しませていただきたい。

　　About twenty years ago, I went to Hawaii to study at the University in Honolulu. When I arrived at Honolulu, first of all I went out to the Waikiki Beach.　I clearly remember the blue color of the ocean. I'll never forget "Diamond Head," the beautiful mountain.　Hawaiian people call Diamond Head "レアヒ．" "レアヒ" means "the head of bluefin（マグロの頭）."
　　In the 19th century, some sailors from England climbed the mountain. They found some beautiful stones there and thought they were diamonds.　They called the mountain "Diamond Head."

<例3>
　書くことが苦手な生徒に，テキストの全文をコピーさせる教員が多い。この活動は，特に初歩の段階では大切なタスクである。しかし，何の工夫もなく，単語や英文をコピーさせることは好ましいタスクとは言えない。単純なことだが，次のようなタスクを勧めたい。

② Cloze Approach を活用する。
　テキストをそのままタイプし（あるいはコピーし），every fifth word, every sixth word など，生徒の力に応じて機械的に単語を隠し，生徒に補充させていく方法である。誤った単語を補充したり，単語のスペリングが誤っていると減点する。ペアで採点させたり自分自身で採点させてもよい。
　New Crown 2 の Lesson 8 の USE Read "India, My Country" の一部を使って例示してみよう。every sixth word をブランクにしてみた。

　　I speak English. Long ago, (　　) was not spoken in India. (　　) the British came. India was (　　) by them. Many people needed (　　) learn English. The British left, (　　) their language remained. Now English (　　) used in newspapers and on (　　). I like watching English dramas (　　) TV.

注1：(　　)の大きさは単語の文字数に応じてサイズを決めると，単語を想起する際にヒントになる。
注2：単語の最初の文字のみ，(r　　)のように与えるのもよいだろう。
注3：採点結果は一覧表にして，合計得点を記入させると，成長の跡がわかるし，生徒にとっては励みになるようである。
注4：Oral Cloze Approach という活動にしてもよい。上記と全く同じ資料を使い，教員がゆっくり読み，生徒が空欄を単語で埋めていくという方法である。音声を聞いて正しく単語の spelling を書くという練習になる。

注5：Cloze Approach を継続すると，単に正しい単語を埋め込む力が伸びるだけでなく，「文を創り出す」力が養成できる。

注6：テキストになじんできた頃に，上記のテキストを次のように，内容を変えずに英文を書きかえて，Cloze Approach を応用することも効果がある。

　　I speak English. Many years (　　), English was not used in (　　). Later, India was ruled by (　　) people. Their language was English. (　　) Indian people had to learn (　　) language. (以下略)

③　文章の補充をさせる。

　学年を問わず，有効なタスクである。1学年と3学年のテキストから取り上げてみよう。

＜例1＞

New Crown 1，Lesson 3，GET Part 3

　［タスク］次の英文の(　　)の部分に，下の□の中から正しい英文を選んで書き入れよう。

　Emma: (　　　　　　　　　)

　　Ken: I have a *shamisen* pick.

　Emma: (　　　　　　　　　)

　　　　What music do you play?

　　Ken: (　　　　　　　　　)

　　　　But I don't play it well.

・Do you have a *shamisen* pick?
・What do you have in your hand?
・*Shamisen*? What is it?
・*Shamisen*? Cool.
・I play traditional Japanese music.

　上記の場合のように，暗記していれば正解できる，という場合も結構だが，次の場合のように，考えることも同時に求めてもよいだろう。

＜例2＞
New Crown 3, Lesson 5, USE Read "Houses and Lives"
　[タスク] 本文を少し書き換えてみました。よく読んで，(　　　) の部分に，下の ☐ の中から適切な文を選んで書き入れよう。

　テキストをそのまま使用してもよいが，次に示すように，Text 1（原文通り）を Text 2 のように書き換えてみた。topic sentence と supporting sentence の関係を一層わかりやすくしたり，論理的な思考訓練や時系列的な配列などに慣れることにも配慮した。
　英語教員がこのように自分で考えて，英語で教材を作ることの大切さを強く訴えたい。

〔Text 1〕
　Some Mongolians have a special lifestyle. They live in *gers*. A *ger* is a round tent which is made of wood and felt. It is easy to take down and put up the tent. This is important because these Mongolians follow their animals. They ride horses and move with the seasons to find fresh grass and water. They take the *gers* with them.

〔Text 2〕
　Some Mongolians have a special lifestyle. First of all, they live in *gers*. (　　　　　　) Because they move with their animals to find fresh grass and water. When they move to their new places, (　　　　　　) They are made of wood and felt and not heavy. (　　　　　　) When they arrive at the new places, they put up their *gers*. (　　　　　　)

・Next, they do not stay at the same places.
・they take down their *gers* and carry them.
・So it is very easy to carry them.
・It is not difficult to put up their *gers* again.

155

(2) Writing に対する教員と生徒双方の積極的な姿勢

　日本のこれまでの Writing の指導は，単語のスペリング，文法項目の応用としての和文英訳，テキストに関する Questions-and-Answers (Q-A) といった程度が主流であった。Q-A の中身も，答えがそのままテキストに載っている Fact-finding タイプの Questions が主だった。Questions にしても，生徒はもっと聞きたいことを聞き，教員も生徒に満足してもらえる内容を，自分の英語で，しかもわかりやすい英語で解答するよう最大の努力をしなければならない。教員と生徒の双方が，もっともっと日常的に英語を書く機会を作らなければならない。

① Questions の工夫

　Fact-finding タイプだけでなく，Inferential タイプの Questions も考え，教員は，そのモデルとなる解答も場合によっては文字で用意するよう心がけなければならない。Inferential Questions は，テキストで学習したことにより，心に浮かぶさまざまな疑問のこと，と考えてもよいだろう。*New Crown* 3, Lesson 5 のモンゴル人に関する記述を例にとってみよう。

> ... these Mongolians follow their animals. They ride horses and move with the seasons to find fresh grass and water. They take the *gers* with them.

　次のような Questions は Fact-finding タイプである。
　　・Do they follow their animals?
　　・Do they take the *gers* with them?

　難なく答えが見つかり，新しい情報は得られない。しかし，次の Inferential Questions はどうだろう。自分なりの解釈が必要となる。

　　　・What do they do when they find fresh grass and water?
　　　　Possible answer: They decide to stay there and put up their *gers*.
　　　・When they stay at their new places, do postmen know their new addresses?
　　　・I hear the winter in Mongolia is very cold. Is the water in the river frozen? How do they get their drinking water?

② Reading から Writing へ：学習した教科書テキストについて，生徒に Questions を作らせる指導

テキストを一通り学習した後に，生徒に Questions (Qs) をたくさん作らせ，解答を通して情報を集め，最終的に「情報のまとめや感想」を書かせる。

次のテキスト (*New Crown* 1, Lesson 8, USE Read) を例に，タスク全体の指導過程と結果を紹介する。

アメリカのリサ (Lisa) さんから，日本の中学生に次の写真入りのメールが届きました。

> This is a language class. Am I studying English? No, I'm not. Look at the blackboard. I am studying Spanish. It is my foreign language. I like it.
> I study Spanish once a week. How often do you study English? Many people in my town speak Spanish. I sometimes speak it with them. What languages do people speak in your town?
> Please write to me soon.
> Adios, amigos!

《Step 1》

課題の設定 ⇒ Sample Qs の提示 ⇒ 生徒による Qs

上記テキストの内容を理解し，Lisa の学校や彼女の住む町に対する生徒の興味・関心が高まった段階で，「Lisa の町についてもっと知りたいことを，彼女にメールでたずねてみよう」という課題を設定し，生徒に「できるだけたくさん英語で質問を書いてみよう」と提案する。

生徒が課題に取り組みやすいように，教員が Sample Questions を示す。次の文は筆者が書いた Sample Questions である。

a. Does every student learn Spanish in your school?
b. When do you start your Spanish lessons?
c. All the Japanese students at junior high school study English, but only very small number of them can use it. What about the students of your school?

  d. What people in your town speak Spanish?
  e. Do they speak English well? How do they learn English?
  f. Who teaches Spanish at your school? Spanish-speaking people?

　教員の Sample Questions を参考に，生徒にできるだけたくさん質問文を作らせ，提出させる。与える時間の長さにもよるが，7〜10個の質問を書く生徒から2, 3個に留まる生徒もいる。従来教員が行っていたQ-A タイプの質問と違い，生徒の質問文には Inferential タイプの質問も含まれていることが多い。生徒が提出した質問文を教員が整理し，英文を修正して印刷し，次回の授業で生徒に配布し，≪ Step 2 ≫に移る。

≪ Step 2 ≫
　まず，一連の質問文には全員のものが入っていることを告げる。
　教員が質問文全体を音読する(生徒はプリントを見ながら聞く)。クラスサイズにもよるが，30〜50ぐらいの質問文が集まると考えられる。

≪ Step 3 ≫
　生徒は一連の質問文を黙読し，①自分が書いた質問文と思われる文に○印をつけ，②自分の質問文ではないが，自分も聞きたいと思うものに△の印をつける。
　英文を聞いたり読んだりすることは，Writing 力向上のための力強い素地になることを前提としている。

≪ Step 4 ≫
　ラテン系の人々の住む町の出身者に知り合いがあれば最高だが，そのような知り合いがいない場合には，そのような町の事情に通じているアメリカ人に，できる範囲内で回答してもらうとよい。そのようなアメリカ人に知り合いがいない場合には，教員自身の知る限りにおいて，Lisa に代わって回答文を作成するとよい。
　Lisa からの回答は，例えば，一部を示すと次のようになるだろう。

〔Lisa への質問と Lisa の回答〕
 a. Why are you learning Spanish?
  —Because many people speak Spanish in my town.
 b. Why are there many Spanish-speaking people in your town?
  —Our town is near Mexico. Many Mexicans visit or move into our town. As you know, their language is Spanish.
 c. Does every student in your school learn Spanish?
  —No, some students learn French, German or Chinese. Some students are learning Japanese.
 d. When do you start to learn Spanish?
  —I started to learn Spanish at elementary school.
 e. Do you study Spanish grammar too?
  —Yes, we do. We don't study grammar too much. Our Spanish teacher is a Mexican. He always speaks Spanish in class. So many students understand our teacher's Spanish very soon.
 f. Do you have many chances to speak Spanish in your town?
  —Sure. At some eating places, they don't speak English but Spanish. They speak Spanish at some supermarkets.

《 Step 5 》
　Lisa の回答を読んで、生徒に感想文を書かせる。日本語でも英語でもよいこととする。ただし，できるだけ英語で書くよう励ます。このようなタスクに慣れると，次第に多くの生徒が英語で書くことに慣れてくるであろう。
　この場合も，教員は次のような model を示したい。

＜例１＞　比較的短い例
　　Lisa says she can speak Spanish. She is a junior high school student. I want to speak English.

＜例2＞　多少長い例
　　Lisa has many chances to listen to Spanish because her teacher always speaks Spanish and there are many Spanish speaking people in her hometown.
　　I think listening is important to master a foreign language. But very few people speak English in my town. I want to listen to English on the radio or TV.

　上記のようなWritingの指導を継続すれば，書くことの抵抗が減り，書くことが楽しくなり，その結果，「書けることだけを書く生徒」から「書きたいことが書ける生徒」へと変わっていくのではないかと考えている。

4. おわりに

　最後に強調したいことは，Corrections of Students' Writingsについてである。「外国語を誤りなく書く」ということの難しさは誰にもわかっている。しかし，教えるという立場になると，誤りは許しがたいことになりがちである。すべての生徒が「文法上の誤りが怖くて英語が書けない」でいる，と考えられる。我々指導者は，「文法的な誤りがあっても書く生徒」を高く評価しなければならない。なぜなら，彼らはやがて素晴らしい書き手になるだろうからである。

　もう一つ，もっと強調したいことは，英語教員は英語の書き手として，あらゆる場面で，「生徒の成長段階に適した英語のモデル文を書く」ことを当然の活動と考えるべきだ，ということである。なぜなら，そのことが英語教育を一歩進める前提条件だからである。

◆引用・参考文献◆
文部科学省（2008）『中学校学習指導要領解説　外国語編』開隆堂出版

4-6　コミュニケーションの指導

　コミュニケーションを行うためには，聞いたり，話したり，読んだり，書いたりという4技能を統合的に活用する力の育成が必要である。さらに，聞いたり，話したりという技能では，時間的制約の下で即座に反応したり，即座に理解したり，即興的に発話したりする力が求められる。教科書に提示されているモデル文に倣って対話をさせるだけでは，相手の言った内容を理解し，その内容に応じて自分の応答を考えて表現する力を身につけさせることは難しい。『中学校学習指導要領』（文部科学省，2008）では，「流ちょうさ」「即興」「即座」といった表現は含まれていないが，後述する4技能を統合的に活用する言語活動を見ると，英語を聞いて反応すること（話すこと，書くこと）が求められている。また，話すことの言語活動として，「(オ) 与えられたテーマについて簡単なスピーチをすること」があげられており，原稿を用意せずにスピーチさせることも含まれると考えられる。極端なことを言えば，テーマが与えられて，即興的に，自由に対話させるような活動を体験させることも重要であろう。このような活動へのステップとして，本節では，最初に4技能の統合について述べ，その後で即座に，また，即興的に言語を使用することにつながるような指導について触れる。

1. 4技能の統合

　中学校外国語科の目標は，「聞くこと・話すことなどの実践的コミュニケーション能力の基礎」を養うことから「聞くこと，話すこと，読むこと，書くことなどのコミュニケーション能力の基礎」を養うことに改められた。また，4技能を統合的に活用させる言語活動が重視されている（文部科学省，2008）。4技能の組み合わせは，2技能の組み合わせ（聞くことと話すこと，聞くことと読むこと，など），3技能の組み合わせ（聞くことと読むことと書くこと，聞くことと読むことと話すこと），そして4技能の組み合わせなどさまざま可能であるが，中学校ではそのうち，次で示された言語活動のように，①聞くこと→話すこと，②聞くこと→書くこと，③読むこと→話すこと，④読むこと→書くこと，の2つの技能の統合を指導すればよいと考えられる。

> 聞くこと　（ウ）質問や依頼などを聞いて適切に応じること。
> 　　　　　　（聞くこと→話すこと）
> 話すこと　（ウ）聞いたり読んだりしたことなどについて，問答したり
> 　　　　　　意見を述べ合ったりなどすること。
> 　　　　　　（聞くこと→話すこと，読むこと→話すこと）
> 書くこと　（ウ）聞いたり読んだりしたことについてメモをとったり，
> 　　　　　　感想，賛否やその理由を書いたりなどすること。
> 　　　　　　（聞くこと→書くこと，読むこと→書くこと）
> 　　　　　　　　　　　　　　　　　　　　　　　（『中学校学習指導要領』）

　高等学校の「コミュニケーション英語Ⅰ」や「コミュニケーション英語Ⅱ」では，対話や話し合い，討論などの言語活動が触れられており，4技能の統合がなお一層複雑になっていく。例えば，対話は，「主に二人が言葉を交わす行為であり，日常生活に関する身近な話題を含め，様々な話題についての会話を指す」（文部科学省，2009，p.11）とされている。また，話し合うことについては，「例えば，ある課題に対して，生徒が互いに質問したり，個人又はグループとして意見を交換したりすることを意味する。実際の指導においては，生徒どうしで話し合ったり意見の交換をしたりする活動を，生徒の実態に応じて，段階的に進めることが必要である。例えば，聞いたり読んだりしたことをワークシートを利用して整理し，話し合ったり意見の交換をしたりする方法を学習した上でペアやグループで話し合う，といった活動の流れが考えられる」（文部科学省，2009）と述べられている。すなわち，対話においては，聞くことと話すことの技能の統合がされており，話し合いや討論では，聞いたり話し合ったりするだけでなく，読むことや書くことの技能の統合も示唆されている。つまり，高等学校の指導では，複数技能の使用が長く続いたり，4技能すべてが関わったりするような言語活動が扱われるとされている。一方，中学校英語における指導では，4技能の統合の言語活動のうち，基礎的なものを扱っていくことになると考えられる。
　複数の技能が関わる言語活動のことを「技能の統合」と言うが，ある技能による言語活動が別の技能の言語活動の前提条件となるような場合に「統合」という言い方がされることに留意されたい。例えば，「聞いたこと

についてメモをとる」という活動は，聞くことなしにメモをとることは不可能である。一方で，他人の夢についての文章を読んだ後に，自分の夢を書くという活動は，読むことと書くことが含まれているが，他人の夢についての文章を読まなくても自分の夢を書くことは可能であるので，技能の統合とは呼ばない。

2．4技能を統合的に活用することの指導

　まず，聞くこと（ウ）の「質問や依頼などを聞いて適切に応じること」の指導について紹介する。この力は，質問や依頼などを聞いて理解することが前提となる。Will you open the window? と言われたときに，自分の予定を聞かれているのか，窓を開けることを依頼されているのかを理解する力を育てる必要がある。言ってみれば，文字通りの意味を理解するだけでなく，発話に込められた意図を理解する力を身につけさせるのである。また，生徒の応答は，①行動で応答する，②1語で応答する，③短い表現で応答する，④長く応答する，というように段階的に指導していくとよい（第3章3-6及び第4章4-2参照）。

≪指導①：教員が英語を実際に使用することによる指導≫
　教室内のコミュニケーションにおいて，「質問や依頼」が多く使われる機会がある。教員が実際に英語を使用しながら，生徒とコミュニケーションを図ることで，発話に込められた意図を理解する力を身につけさせようとするものである。

　　　例：「赤ペンを貸してほしい」と生徒に依頼する。
　　　　I need a red pen. Do you have one?
　　　例：「電灯をつけてほしい」と生徒に依頼する。
　　　　This room is a little dark. Are you all right?

≪指導②：Discourse Completion Task の工夫≫
　Discourse Completion Task とは，次のような課題のことである。
　　　問い：How are you?
　　　答え：a. I'm 15 years old.
　　　　　　b. Yes, I am.
　　　　　　c. I'm fine. And you?

質問に対する回答を自分だったらどう答えるかと場面設定し，選択肢の中から自分の回答を選ぶ課題である。質問の出し方や選択肢の作成などを工夫することによって，「質問や依頼などを聞いて適切に応じること」を指導することができる。

　まず，「質問や依頼」を音声で示す。教員が読み上げても，音声教材を聞かせてもよいだろう。選択肢は，絵を使って示す。教科書には，動作を示すようなイラストが多く掲載されているが，そのイラストを活用する。例えば，*New Crown* (三省堂，2012) では次のイラストが示されている。

(*New Crown* 1, Lesson 4, GET Part 3, Drill)

　"Your friend says something to you. What are you going to do? Please choose A or B." と課題を指示してから，"I'm going shopping. But I left my bag home!" と生徒に話しかける。生徒は，AかBを選ぶのである。その後で生徒に前に出てきてもらって，教員と生徒でやり取りを行い，生徒に "I have a nice bag. Use this." とか，"You can use my bag. Here you are." というように英語を言わせてもよい。

≪指導③：TPR の応用≫
　質問や依頼を聞いて「行動で応答する」ことを指導するために，TPR（あるいは「サイモンセッズ」などのゲーム）を使用するとよい。TPR については，第3章3-6を参照されたい。英語を聞いて即座に行動する力をつけるのに適した活動である。教員が命令（または依頼）する場合には，命令形 (Stand up.) だけでなく，さまざまな表現 (Will you stand up? / I will tell you to stand up.) などを使いたい。

次に，書くこと「(ウ) 聞いたり読んだりしたことについてメモをとったり，感想，賛否やその理由を書いたりなどすること」の指導について述べる。この項目の指導に当たっては，メモをとることとはどういうことか，何を書けば感想を書いたことになるのか，などについて考えることが重要である。例えば，「読んだことについて感想とその理由を書く」ことを取り上げよう（国立教育政策研究所，2011）。

・どのような力を指導しようとしているのか。
・その力を指導するために，何を扱えばよいのか。

という2点を考える必要がある。感想を書く力とはどのような力であろうか。ここでは，次のように捉えたとしよう。

① 読んだテキストの中から，ある部分を抜き出すことができる。
② 抜き出した部分について，自分の気持ちや考えを書くことができる。
③ なぜ抜き出したかの理由を書くことができる。

つまり，印象に残った個所を抜き出すことの指導，その印象とは何なのかを説明することの指導，そして理由を述べることの指導を授業の中で組み入れていけばよい。

3. 即興的なコミュニケーションにつながる指導

あらかじめ話す内容を考えておいてから発話することを計画的発話（planned speech）という。一方で，その場で考えながら発話することを非計画的発話（unplanned speech 又は impromtu speech）という。中学校においては，計画的発話をさせる機会は多いが，即興的に言語を使わせる機会は少ない。話すことのプロセスには，①話す内容を考えること，②その内容に応じて言語的に表現すること，③その表現を音声化すること，といった言語心理学的な処理が関わると言われている。計画的発話では，それぞれの処理を個別に（それぞれ時間をとって）行わせていることになる。聞いたり，話したりというコミュニケーションは，時間的な制約の中で言語を使用することになる。生徒にコミュニケーション能力を身につけさせようと願うならば，生徒に話す内容を考え，それを言語で表現し，実際に発話するという処理を同時に行わせるような機会が必要である。

即興的な言語使用をさせる活動として，具体的にはタスクやロールプレイが利用できる。ロールプレイは，すでに作られた対話文を，役割を決めて読み上げる活動のことではなく，人物，場面，課題だけが与えられて，後は自由に発話するような活動のことを意味する。タスクもロールプレイも，話す内容や用いる言語表現は基本的に学習者によって決められる。このような指導を続けることで，話すことの（ウ）「聞いたり読んだりしたことなどについて，問答したり意見を述べ合ったりなどすること」の言語活動につなげることが可能となるだろう。

タスクやロールプレイは，中学生では難しいと感じる教員が多いかもしれない。そこで，本節では「隙見せ法（Chance-Giving Technique）」を紹介する。「隙見せ法」は，佐々木秀教諭（当時信州大学教育学部附属松本中学校）の実践から生まれ，酒井・和田（2012）が整理した方法である。主な指導手順は次の通りである。

① あるトピックで作文する。
② ペアで書いた内容を紹介しあう。
③ ペアの相手を交代して，内容を紹介しあう。

ポイントは2つある。第1に，②の段階では，相手に理解してもらうために，1文紹介したらOK? とか，Do you understand? などと理解確認を行うことである。つまり，一方的に読み上げるのではなく，相手に質問などをさせる「隙」を見せるのである。聞き手は，理解していることを伝えたり，わからないことがあれば質問をしたりする。また，その質問に対して回答をする。第2のポイントは，③のペアの交代を複数回行うことである。

例えば，生徒Aが次のような学校給食というトピックで作文を書いたとしよう。

≪Aの作文≫
This is my memory about lunch time at our school. I didn't like milk very much. So I drank milk before I ate other foods. My friend asked me, "Why do you always drink milk first?" （後略）

生徒Aと生徒Bがペアになって会話を進める。次のやり取りを見ていただきたい。生徒Aは，(ア)(イ)(ウ)のように隙を見せながら(つまり，相手に割り込ませる機会を与えながら)話を進めていく。生徒Bもわからない部分があった場合には，(エ)のように質問をする。これが，「隙見せ法」である。

> *A:* This is my memory about lunch time at our school.　　　(ア)
> OK?
> *B:* Yes. Yes.
> *A:* I didn't like milk very much. Do you understand?　　　(イ)
> *B:* Yes. Do you like milk now?
> *A:* Yes. I like milk now. But I didn't like it.　　　(ウ)
> So I drank milk before I ate other foods. OK?
> *B:* Other foods?　　　(エ)
> *A:* Yes. Milk. Then, bread or salad.
> *B:* OK.
> *A:* My friend asked me, "Why do you always drink milk first?"

書いたものを読み上げるので，話すことの多くが計画的発話になる。相手に割り込ませる隙を見せることは，聞き手にとっては，聞いて理解するための時間が与えられることになるし，理解できなかった場合には質問をする機会が与えられることになる。聞き手の質問に対して答えることは，即興的な非計画的発話となる(上の例で言うと，(エ)の後のAの発話は非計画的発話である)。また，その質問のために，準備していた話の流れとは異なる可能性もある。このように，隙を見せることによって，計画的発話(聞き手にとってみれば難しい聞き取りの時間)だけではなく，非計画的発話が含まれるやり取り(聞き手にとってみれば理解しやすくなるやり取り)になる。

また，ペアを何回も交代することも重要である。話をする機会が何回か与えられる。あらかじめ用意した発話をスムーズに行う練習となり，自動化が進む。生徒の意識が自分の書いた内容以外にも向く余裕ができ，新たな表現を加えたり，説明を加えたりするようになる。

この活動は，完全に即興的ではない。即興的なやり取りが部分的に存在

する活動である。完全に非計画的で即興的なやり取りができるようになるための基礎的な指導として位置づけることができる。

◆引用・参考文献◆
文部科学省（2008）『中学校学習指導要領解説　外国語編』開隆堂出版
文部科学省（2009）『高等学校学習指導要領解説　外国語編・英語編』開隆堂出版
国立教育政策研究所（2011）『評価規準の作成,評価方法等の工夫改善のための参考資料【中学校　外国語】』教育出版
酒井英樹・和田順一（2012）『ライティングから会話へつなげる指導方法の提案と検証』第18回日英・英語教育学会研究大会発表

4-7 文法の指導

1. 外国語教育と文法指導との関係

　外国語教育と文法との関係は長い変遷の歴史を持っている。まだ教材や文法体系が整備されていなかった時代には，外国語を教えるカリキュラムや指導理論はなく，さまざまなやり方で外国語を学んだり教えたりしていた。そのような未整備な外国語教育を改善する方策として文法が提案されたこともあって，外国語教育イコール文法指導と言えるような時代もあった。西洋における古典教育として学ばれていたギリシャ語やラテン語の影響もあって，文法が長年，外国語教育の柱になっていた。我が国においても，大学の外国語教育が文法と読本という2本立ての時代があったのは，そう遠い昔のことではない。

　太平洋戦争（1941〜1945）終結後，カリキュラムが『学習指導要領』(Course of Study)で構成されるようになってからも，その外国語（英語）編には「文法・文型」という形で掲載され，実質的に文法シラバスとして教科書の枠組みを形成してきた。また，中学校の英語教育において一世を風靡した感のあるオーラル・アプローチ（一般的にはAudiolingual Methodと呼ばれ，日本ではパタン・プラクティスという呼称で知られた）も，audiolingualで始まる名称からわかるように「聞く・話す」を重視したが，その活動は学習者のエラーを防ぐことを意図し，文型・文法を強化するために機械的な練習を行ったため，「文型練習」として文法シラバスを補強する結果となった。

　このような傾向に対していろいろな改革が試みられた。高校に「オーラル・コミュニケーション」という科目を導入したのもその一例である（1989）。A，B，Cと3種類の「オーラル・コミュニケーション」の科目が設けられたが，その時間に文法の問題集を使っているという授業が全国各地で行われたため，当時「オーラル・コミュニケーション」の非公式な略称として用いられた「オラコン」の後にGrammarのGをつけて，「オラコンG」という名称が生まれた。

　業を煮やした文部科学省は，『学習指導要領』のキーワードに「コミュニケーション」を入れたが，実践例は形式的なコミュニケーションに留まっ

ているケースが多く,その次の『中学校学習指導要領』(1998年告示)では,「実践的コミュニケーション」と,外国語科の目標の中に,「実践的」という冠がついた用語が使われたが,本来,実践的なものであるコミュニケーションにさらに「実践的」という冠は不要ではないかという批判もあって,次の改訂ではその冠がなくなり,現行の『学習指導要領』(2008年告示)では「コミュニケーション」となった。

以上,外国語教育と文法指導との関係を簡潔にたどってもらったが,両者の関係はキーワードや呼称を変えれば変わるというような問題ではなく,外国語教育と文法指導のあるべき姿を根本から考え直す必要があることを示唆している。その際に必要な視点は,「文法のない言語は存在しないし,あらゆる言語活動・行動に文法は不可欠であるから,文法のための文法ではなく,コミュニケーションに必要な文法を学習者にいかにして身につけさせるか」という点である。

2.「文法」の再定義

最近30年間に限っても,いろいろな学者や実践家が文法に関する論考を発表しているが,その中でNewby(1998)の考え方を参考に,日本の教育現場に必要な考え方をまとめてみよう。

①文法とは,コミュニケーションが成立するときに働いているルールであり,②文法を学ぶということは,そのコミュニケーション過程における話し手と聞き手(あるいは書き手と読み手)の目的と情意の表現に適したルールを内在化させることであり,③文法を教えるということは,①と②を最も効果的に理解し,習得させるために用いる方法・技能のことである。

従来の英文法というのは,本章の初めに軽く触れたように,昔のギリシャ語やラテン語の文法を下敷きにして,英語の書き言葉を分析し整理したものである(渡部,1965, 1975)。そのため,伝統文法には音声によるコミュニケーションで働いているルールは入っていないし,Interaction(言葉による相互交流)という概念が欠落している。したがって,それを教える指導法は,文法項目の例文か文型の例文を繰り返し反復練習させることになる。シラバスは文法項目が入っている例文中心になっており,文脈における意味と常に同じとは限らない。

次の例文におけるイタリック体の語を見てみよう。

a. I *would* buy this coat if I were you.

　この文は，日本ではすぐ「仮定法」という文法用語を使って説明される場合が多いが，「言語の働き」で言えば「助言」である。

　　b. *Would* you buy this coat for me?

　これはaと異なり，親か配偶者に「おねだり」をしている文である。

　このような意味の違いが生じるのは，文法を sentence という「形式」で考えるか，文脈レベルで考えるかによる。

　形式中心に考えるのは，日本の英語教育が「いつか来た道」であり，今でもその道を歩いている教員が少なくない。その結果，授業は音声コミュニケーションを通して展開することが難しく，指導過程の特定の段階（例：新教材の導入など）で形式的に (form-centered) 教員中心 (teacher-centered) で行われるだけである。それも，「定式表現」のように，あらかじめ文型か ALT との対話パターンに入れられたものである。授業参観で，「授業の後半では生徒との英語による自然な Interaction を見せてくれるだろう」と期待するが，裏切られることが多い。

　しかし，以上のような我が国の英語教育小史を理解すれば，おのずから改善策の糸口は見えてくる。1つ目は，英文法を4技能から独立させるのではなく，4技能の中で文法が「生きて働く」ように教科書や授業展開の内容や構成を考えることである。2つ目は，自分の授業を振り返って英語を指導するために使っている表現（日本語あるいは英語による Meta-Language）を数えてみれば，いくつかの種類に整理できるであろう。そして授業で毎回使う表現，毎回ではなくとも，かなりの頻度で使う表現があることに気づく。授業で使う教室英語は既習か未習かをあまり心配しないで，その表現が必要な時は繰り返し使い続ければ，生徒は自然と覚えてくれるものである。このことが授業における生徒と教員あるいは生徒間の Interaction を活発にさせる土台となる。3つ目は，教科書に出ている言語材料を，使用頻度や応用可能性によって扱い方に軽重をつけることである。教科書に印字されているものを何でも同じように繰り返させる必要はない。教材内容（物語の人物構成やテーマなど）によってどうしても必要な単語はあるが，その教材に使われている単語がすべて必須とは限らない。授業中の扱い方で重要度に応じて工夫することも重要である。

3. 教科書に基づく文法指導例

次のセクションでは，コミュニケーションのための文法指導過程を教科書に基づいて例示することにしよう。受け身形を導入している Lesson である。

> Here's a five rupee note. Rupee notes are used in India. Look at the note carefully. You can see many languages on it. All these languages are spoken in India.
> （5ルピー紙幣の写真：略）
>
> (*New Crown* 2, Lesson 8, GET Part 1)

New Crown（三省堂，2012）を使っていない教員あるいは一般読者のために，各課の構成を簡単に紹介しておこう。Lesson のプレ活動のページ（とびら）から始まり，習得のためのページの GET (Part 1, 2, 3)，活用のためのページの USE Read，そして Reading 以外の活動（Listen / Speak / Write / Mini-project）が続いている。

上記の文章の導入はいろいろな方法が考えられるが，一例として次のようにすることができるだろう。

   Look at the screen, please. What are they?
   They are Indian notes, paper money '紙幣'.
   I found them in the Internet.
   Look at this note with '5' on the three corners.
   This is a five rupee note.
   <u>The sun may be setting behind the mountain.</u>
   <u>A farmer is plowing the land.</u>   （下線部は絵の説明）
   On the left of the note, there is a list of something.
   Can you see them? They are names of languages in India.
   They are all spoken in India. India is a large country.

次の説明は授業時間にゆとりがある場合に利用できる。時間が不足気味の場合は日本語で簡単に紹介する。

 ・Two languages are used by the Central Government:
  1. Hindi is used by the Central Government when they communicate with the states of Hindi Belt.

2. English is used while communicating with the states.
・A total of 22 languages are recognized by the Constitution of India: They are recognized national languages of India.

　GET Part 1 冒頭の 1 文が段落のトピックを明快に導入している。使われている語句も特に難解なものはない。強いて注をつければ，ルピーはインドの他にパキスタン，ネパール，スリランカなどでも使われていることと，生徒はカタカナ語の「ノート」は知っているが，「紙幣」の意味の note や，You can see many languages on it. という文の背景にある文化については知らないかもしれない。その文化的背景については，USE Read のセクションにある "India, My Country" で紹介されているので，GET Part 1 では，ルピーの流通圏や紙幣については Oral Introduction で補足するのがよい（その一例は後述する）。冒頭の Here's ～. については，GET Part 2 で Here are ～. が出てくるので，単複両方の指導ができる。また，教室にモニターがあってコンピュータを接続することができれば，インターネットで，教科書にある 5 ルピー紙幣の写真の他に数種類のルピー紙幣を生徒に見せることができる。GET Part 2 では，過去時制における受け身形と "by agent" の導入を扱っている。これも長々と受け身形の形式について話すのではなく，コミュニケーションとしての受け身形を理解させ，試行から応用への道筋をたどらせることである。生徒の理解度によっては，応用の段階は USE Read や USE Mini-project で行ってもよい。
　"by agent" の必要な受け身形については，GET Part 2 で述べたように，（発話）文で "by agent" を入れる意図や目的が話し手や書き手にある場合である。
　映画は時代とともに変わっていくので，この Lesson 8 を授業で扱う場合，どの映画を例に使うかによって "by agent" も変わってくる。したがって，教科書では固有名詞ではなく by a famous Indian actor となっているが，できれば *Rashomon* was directed by Kurosawa Akira. のように使える有名な映画があって生徒も多少知っているようであれば，それを利用したほうがよい。もっともインターネットの YouTube で，いろいろな映画の有名なシーンを見ることができるので，適切なものがあれば利用することも可能である。

これまで述べたことを，一覧表に整理すれば次のようになる。

表　コミュニケーションのための文法指導過程

Stages	導入	理解	試行	応用
Points	文脈	形式⇔意味	意味⇔形式	意味⇒形式
Who?	教員	生徒	生徒	教員・生徒
New Crown	GET Part 1	GET Part 2	USE Rread	USE Mini-project

　日本におけるこれまでの文法指導は形式が中心で，生徒にとってはコミュニケーションの必然性が希薄であったため，Reading では「受験に必須の 100 構文」，Writing では「大学英借文」というような表現の本がベストセラーになった。大学入試問題の中には，そのような参考書が結構役に立った時代もあったかもしれない。しかし，大学入学後の学生の英語力の伸び具合を見れば，そういう形式中心の勉強法で学んだものは本当の実力としての柔軟性が身につかなかったために，大学生の英語力は入学時がピークで，その後だんだん下降線をたどるケースも少なくないと言う。大学生としての自覚，目標，振り返りなどの要因も検討しなければならないが，言葉は本来，使う意図や目的があって使うものであるから，「形式」より「意味」が優先する。外国語の場合，習得の度合いによっては，言いたいことに最適な形式で表現できない場合もあるが，まず，言いたいことがあって，それを表現するために「使える」形式を選べばよいのである。文法の学習は，「意味」と「形式」の結びつきをできるだけ自然な文脈で身につけることであり，それは結局，外国語習得の過程そのものである。

4.　文法の指導に関する Q & A

　次に，これまで述べてきた知見に基づき，さまざまな角度から具体的な指導法や指導に当たっての留意点などについて，Q & A の形で述べてみよう。

> Q1：　文法指導の話になると，教員中心の説明を思い浮かべる人が多いと思われるが，どんな指導がよいか。

　A1：　文法「について」教えるのと，文法「を」教えるのとでは大きな違いがある。前者は教員の説明が主になるので，個々の文法項目について例文という型を出して，その意味を説明つきで教

えることである。通常，その評価は，例文の型を少し変えて疑問文や否定文にしたり，型の一部を空欄にして，生徒にそこを埋めさせるような方法で行われる。したがって，授業ではその型を繰り返し練習するようなドリルが中心になる。

　一方，後者は生徒が文法を使えるように助けてあげることなので，学習した文法項目を含む (Spokn / Written) Questions に答えさせたり，生徒が学習した文法項目を使い，ペアで Q-A 活動を行ったり，簡単な英文を書かせることによって，生徒の理解度を確認する。

Q2：　Q1 に関連し，2 種類の文法の教え方で，生徒への質問に何か特徴があるか。

A2：　「文法について」教える授業では Closed Questions と言って，答えには Yes / No, True / False で答えるような質問が多くなる。

　　　　A: Do you want coffee?
　　　　B: Yes. I do. / Yes, please. / A good idea. / I'm thirsty. / No, thanks. / No, I don't. / No. Tea, please.

　一方,「文法を」教える授業では，Open Questions と言って，答え方や答えの中味は，答える側に任されているような質問が多くなる。

① WH-Questions：(②〜④の質問に使われる場合もある)
　　　A: What drink do you want?
　　　B: Orange juice, please. / Coffee will be nice. / Just water. / Thank you.

② Branching Questions:
　　　A: Which do you like better, tea or coffee?
　　　B: I prefer tea.
　　　A: With milk or lemon?
　　　B: Milk, please.

③ Subject Questions：(答えの主語に焦点がある)
　　　A: Who is absent today?
　　　B: Yamada is (absent). He caught cold.

④　Object Questions:（答えの目的語に焦点がある）
　　A: Which train did you take?
　　B: (I took) Hayabusa No.4.

Q3:　コミュニケーションが『学習指導要領』の柱になってから，文法の指導で肩身の狭い思いをすることがあるが，文法の指導自体は悪いことか。

A3:　もちろん悪いことではない。なくてはならないものである。文法のない言語はこの世に存在しないからである。問題は何のためにどのような教え方をするかである。Form and Meaningという視点から考えれば，型を覚えることも必要だが，それが最終目的ではない。「こういう意味を表すにはこの型を使うのが最適だから使う」ということである。つまり「使えるようになる」ことが最終目的である。そのためには，話し言葉でも書き言葉でも，その型を「実際に使って（時には間違う経験を通して）覚えること」がキーポイントである。

Q4:　テスト問題の内容構成を「4技能＋文法」と考えている教員が多いように思えるが，それでよいか。

A4:　そのように考えると，文法が4技能から独立しているような印象を与えるのではないだろうか。文法は4技能すべてに関係している。4技能に共通の文法もあるが，技能によって関係する文法要素が多少異なる場合もある。4技能に関連する主な要素に，文法，語彙，ストラテジーがある。その割合を仮に次のような％で表すとする。

Skills / Factors	Listening (%)	Speaking (%)	Reading (%)	Writing (%)
Grammar	20	20	40	20
Vocabulary	10	20	50	20
Strategy	20	30	30	20

さらにこの表をレーダー・チャートで図示してみよう。

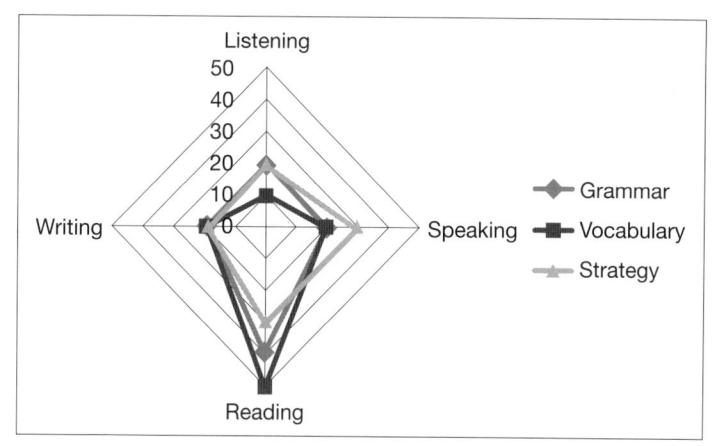

第4章　教科書を使っての具体的な指導

```
            Listening
              50
              40
              30
              20
              10
Writing        0         Speaking
                                    ◆ Grammar
                                    ■ Vocabulary
                                    ▲ Strategy

            Reading
```

　このように図式化すると（％は仮のものであるが），4技能に文法，語彙，ストラテジーがそれぞれ関係していることがわかるであろう。4技能から文法を独立させて「文法のための文法」を指導することは，文法を場面やコンテクストに生かせるせっかくの機会を自ら捨てることになるであろう。

◆引用・参考文献◆

Newby, D. (1998). "Theory and Practice in Communicative Grammar: A Guide for Teachers" in R. de Braugrande, M. Grosman, B. Seidlhofer, (eds.) *Language Policy and Language Education in Emerging Nations, Series: Advances in Discourse Processes Vol. LXIII, pp.151-164.* Stamford, Conneticut: Ablex Publishing Corporation.

Ellis, R. (2008). *The Study of Second Language Acquisition (Second Edition).* Oxford: Oxford University Press.

渡部昇一（1965）『英文法史』研究社

渡部昇一（1975）『英語学大系　第13巻　英語学史』大修館書店

4-8　文化に対する理解を深めることについて

　生徒は，外国語活動の目標「外国語を通じて，言語や文化について体験的に理解を深め（以下省略）」に沿って＜文化＞についてはある程度学習しているはずである。地域，学校，指導者により学習内容や指導方法は多様である。しかし，自文化を含め，文化の多様な側面について触れていることは事実である。そのような生徒を受け入れる中学校では，文化の理解を深めるためにどのような工夫が必要であろうか。教科書教材に沿って，次の２つの視点から実践例を紹介したい。

> (1)　特定の教科書レッスンが提供する文化についての知識を鵜呑みにするだけに留まらず，その背景等について積極的に追究し，気づく力を養うことによって，学びの対象となっている文化について理解を深めるように指導する。
> (2)　異文化を扱う場合は，できるだけ自文化についても振り返ってみる。そのことによって，違いを理解し，自文化に対する理解を深め，併せて異文化に対する誤解や偏見から解放されるように指導する。
> ※なお(1)，(2)については，できるだけ英語を通して指導するように配慮する。

(1)についての指導
　New Crown（三省堂，2012）を例にして，２つの実践例を紹介する。

＜実践例１＞
　New Crown 2 の Lesson 1 では，春休みにハワイを訪れたアメリカ人 Paul の日記を教材として扱っている。浜辺でフラを踊っていた地元の人の言葉と，Paul の感想として次の passage が載っている。

> （中略）　He said, "The hula is our tradition. The actions in the dance have meanings. Some dances tell stories of our ancestors and our history."

> I danced with them. We finished and said "Aloha." I touched the spirit of Hawaii.
>
> (*New Crown* 2, Lesson 1, USE Read)

　'Aloha' の多義性に触れることによって，ハワイの文化の一端を理解することはできるだろう。しかし，その他の部分は極めて抽象的で，表面的な意味を理解しただけでは，ハワイの文化を理解したことにはならない。"I touched the spirit of Hawaii." から生徒は何を読み取ることができるだろうか。この文の意味を生徒に求めても反応できる者は少ないだろう。例えば，教員が次のようにヒントを与えてみてはどうだろう。

　　a. Hawaiians are very open-minded.
　　b. They like to dance with tourists.
　　c. They love to talk.
　　d. They make friends with visitors very easily.
　　e. They love their life and ancestors.

　また，Hawaii 出身者に知り合いがあれば，'the spirit of Hawaii' について事前に聞いて，やさしい英語でまとめておくことも一考である。
　このようなヒントが突破口となって，未知の世界について生徒の関心が高まり，気づく力（Awareness）も伸びるものである。「教科書を教える」のではなく，「教科書で教える」必要性が求められるのである。

＜実践例2＞
　New Crown 3 の Lesson 5 では，世界の住まいと生活文化を教材として扱っている。

> （中略） Some Mongolians have a special lifestyle. They live in *gers*. A *ger* is a round tent which is made of wood and felt. It is easy to take down and put up the tent. This is important because these Mongolians follow their animals. They ride horses and move with the seasons to find fresh grass and water. They take the *gers* with them. （以下略）
>
> (*New Crown* 3, Lesson 5, USE Read)

① 指導のねらい

テキストから読み取った事実と自分の知識とを総合して，モンゴルについてさらに理解を深めようとする生徒の育成。

② 指導方法
a. Inferential Questions を与え，発想を刺激する。
b. モンゴル人を教室に招くことを前提に，できるだけ多くの質問文を書かせる。

③ 実施内容
a. テキストの内容をほぼ理解した段階で Inferential Questions を与えて，考えさせた。Questions の一部は次の通りである。( )内は予想される生徒の答え。
   1) When Mongolians go to the Japan Sea, do they have to cross other countries? (Yes, they do.)
      モンゴルが海から遠いことを実感させるために，教員は次のような説明を加える。
      ・There is one country, China, between Mongolia and the Japan Sea.
      ・It is not easy for Mongolians to get to the Japan Sea, because they have to cross a large country.
   2) Did sumo wrestlers such as Hakuho and Harumafuji like to eat fish from the beginning? Why?
      (No, they didn't. Because they never ate fish from the sea.)
      ・Their country is far from the ocean. It is not easy to buy fish.
      ・I hear that fish is very expensive. Fish is the food for God in Mongolia.
   3) Who grow their vegetables and rice, wheat, corn, etc.?
      (They buy vegetables from foreign countries.)
            (以下省略)

第4章　教科書を使っての具体的な指導

　このように，Inferential Questions による Interaction を繰り返すうちに，モンゴルについて関心が高まり，モンゴル人に聞きたいことがどんどん生徒の頭に浮かんできた。1人平均8つぐらいの質問文を提出した。当然ながら，同じような内容の文も多かったので整理したところ，51 questions にまとめることができた。異文化を見つめる視点が多様化し，おのずから異文化への理解も深まることも確認できた。その一部を紹介しよう。

・There are no oceans in Mongolia. Are there many people who have never swum?
・Have you ever eaten fish from oceans?
・Are there any deep rivers in the grassland? How do sheep cross wide and deep rivers?
・I like to know about the children living in *gers*. How do they study at night? Do they have desks, lamps, and so on? Do they have bookstores near their *gers*?
・When they move to a new grassland, does a mailman know their addresses?
　　（以下省略）

　モンゴル人の回答から，生徒はびっくりするような情報を得ることができ，大満足だった。一部を紹介すると，次の通りである。
・草原の敵はオオカミで家畜を襲うことがある。
・郵便物については，日本と違い，自分で郵便局に取りに行くので1～2週間に1度郵便局に行くだけである。
・ゲルに入る際には，左足から入ることになっている。右足から入ると不幸を持ち込むことになる。
・モンゴルは乾燥しているため，お風呂に入る回数は少なくてもよい。

b. 以上の活動だけでも生徒の「気づき」(Awareness) の力は高まり，異文化に対する理解も深まってくるが，もうひと頑張りしてみたい。モンゴル人にお願いして，短い文章を書いていただいた。モンゴル人は次のように話していた。

181

> 皆さんにはたくさん質問していただいたが，皆さんの質問には大切なことが3つ抜けていた。そのことを書いてみました。3つの大切なこととは何か，当ててください。

モンゴル人の書いた文章は次の通りである（生徒がわかるように筆者が部分的に書き直した）。

Mongolia is also a 'country of young people.' There are many young people in Mongolia. About 80% of the population is children and young people.

In big cities, people live in apartments and houses. Their houses are made of brick and concrete. There is a central heating system in the house. In the suburbs there are many *gers*, tents of people moving from grassland to grassland with their sheep (nomads). The capital city, Ulaanbaartar, is my hometown. It has two faces: old and new. Many Japanese people think that all Mongolians live in gers, ride horses, wear old-style clothes, eat only meat and keep animals. But there is a new life-style too. You think Mongolia is far from Japan. In fact it is only 4 hours by plane to get there.

ほとんどの生徒は，モンゴル人の求めていた回答は次の3つであることがわかった。

- About 80% of the people in Mongolia are children and young people.
- Ulaanbaartar has two faces, old and new.
- Mongolia is a country very near to Japan.

(2) についての指導

外国や異文化についてだけでなく，自文化を見つめてみる機会がほしい。外国人の家庭に homestay したり，外国人を自分の家庭でお世話すると，日本人の生活習慣や考え方の特異性に気づくものである。そのような場面を取り上げている教科書も少なくない。

筆者が実践した2つの方法を紹介する。

＜実践例1＞

生徒が英語国に homestay することを仮定して，生活習慣や価値観について，生徒に，知りたいことや確認したいことをできるだけたくさん書き出させた。日本語でもよいことにした。ALT がカナダ人だったので，カナダを対象にした。

生徒からはたくさんの質問が出た。筆者が整理し，Questions の一覧を作って読ませた。その一部は次の通りである。

読ませる前に，「すべての生徒の質問が入っている。自分の書いた質問と思われるものの記号を○で囲みなさい。また，自分が書いた質問ではないが，自分も聞いてみたいと思う質問には△をつけなさい」という指示を与えた。Reading の活動としても有効である。

- a. When we are staying with a Canadian family, is it OK to use the refrigerator freely?
- b. Can we refuse the meal when we are full?
- c. At dinner table can we say, "I don't like this or that food (carrots, for example)?"
- d. When we are staying with a Canadian family, should we stay some time with them after dinner or can we leave them right after dinner?
- e. In Canada do we always have to pay 'tip', for example, when we leave a restaurant?
- f. When I ask my host mother to wash my things (clothes), does she wash them together with their things?
- g. Do I have to tell my family every day what time I will come back home from school?
- h. Do you think I'll have to take some gift when I am invited by my friends in Canada?
- i. When we have a headache or stomachache, is it easy to buy medicine at a drug store?

カナダ人の回答の一部を紹介すると次の通りである。生徒にとっては自分自身の質問に答えてもらった喜びは大きいようであった。また，カナダが身近に感じたようでもあり，異文化への親しみと深まりを実感させることができたと思う。

  a. If a Canadian family tells you to help yourself to anything in the kitchen, then it is okay to open the refrigerator, but you should wait until they offer.
  b. After dinner, you do not have to leave right away. Normally, you would move to another room for coffee and to talk. In fact, it is impolite to 'eat and run.' At the same time, you should not overstay your welcome — this means you should not stay too long. I think it is similar to Japanese culture.
  c. If you are invited to someone's house, you should try all of the dishes. If you really do not like something, then it is okay to refuse it. "I'm sorry, I don't really like ..."
  d. Clothes — I do not know if the host mother would wash your clothes or not. I think that is YOUR responsibility.
  e. In Canada, you do not have to pay a tip at a restaurant, but you usually do. You wouldn't if the service is bad. On the average, you leave about 15% — depending on the quality of the service.

The Canadian's general comment after answering the questions is as follows.

> There are many differences between Japanese and Canadian customs. These differences are not good or bad; they are just different. There are some Japanese customs I love — taking off your shoes — and some I dislike — when someone visits you without calling

first. You would probably experience the same thing in Canada, but what makes it fun is that there are differences.
　　After all, you will find that people are not different.

＜実践例２＞
　自文化（日本の生活習慣や価値観）を見つめ直させるために，次の課題を与えた。

> 課題：自分の家庭に英語国の中学生を homestay させることを仮定して，外国人中学生が戸惑うと想定される生活習慣や価値観は何か。できるだけあげてみよう。

　多くの生徒があげた項目の一部は次の通りである。

① 家に入る際には靴を脱ぎ，スリッパに履き替える。トイレに入るときには更に別のスリッパに履き替える。
② ベッドではなく，畳に布団。居間が寝室に早変わりする。
③ 夕食など，家族がバラバラに食事する家庭が多い。
④ ３食ともライス（ごはん）を食べる家庭が多い。
⑤ 日本語の特殊性（敬語，男言葉，女言葉）。
⑥ グループで行動する傾向がある。多くの人と違う行動をすると嫌われる。
⑦ 神様の種類と数が多い。お参りする際に手を叩く。
⑧ 日本の家庭には仏壇と神棚が同居している。一神教の信者には理解が難しいだろう。
⑨ 贈り物やお土産を渡すとき，「粗品ですが」や「つまらないものですが」とか，家で食事をすすめるとき，「何もありませんが食べてください」などと言ったりする。
⑩ 頭を深く下げる（相手によって深さが違う）。
⑪ 自分の意見を言いたがらない。

～将来，多文化社会で活躍できる生徒を育てるために～

　実際に日本人の家庭で homestay をした外国人を対象として，生徒自身にアンケートを実施させてみたい。日本の中学生が予想しているような点について，外国人が実際に戸惑いを感じたかどうか。異文化の人々や自分自身に対する見方が変わるかもしれない。大変興味がある。
　また，外国人が感じた戸惑いについて，英語を通して学習を深めたいと思う。
　自文化・異文化ともに理解が深まり，自文化中心主義から解放され，真の意味で異文化を理解し，グローバル時代によりよく生きる人間の育成に役立つのではないか，と思われる。

◆引用・参考文献◆
文部科学省（2008）『小学校学習指導要領解説　外国語活動編』東洋館出版社

第5章

中学校卒業時に期待される英語学力について

5-1 『中学校学習指導要領』の目標と実際の到達目標

5-2 　CAN-DO リストについて

5-3 目標に達していない生徒たちを救うために
　　　——Reading Recovery

5-1 『中学校学習指導要領』の目標と実際の到達目標

　本章の「期待される英語学力」とは、『中学校学習指導要領』における目標が、中学校卒業時にどの程度達成されているかという意味である。つまり、目標の達成度のことである。このように書くと極めて当然のことのように聞こえるが、教育現場でその目標達成のために日々汗を流している教員や生徒たちの視点から考えると、決して楽なことではない。

　これまで文部科学省が実施した英語学力テストでは、問題項目によって正答率に差がある。これが問題項目間の難易度の表れと解釈してよいか、それとも項目間の指導の差と考えるべきか、一概に断定はできない。かつて、「『学習指導要領』は最低限を定めたもの」という行政の判断があったが、これは、『学習指導要領』に記載された学習内容の範囲に関して述べたものと解釈すべきもので、指導目標の達成度を定めたものと解釈するのは、目標達成度の現実と合致しない。太平洋戦争終結後のいわゆる The Course of Study としての『学習指導要領』になってから、その目標が100％達成されたという記録は存在しない。教育は理想を求める営みであるから、「すべての児童・生徒が、『学習指導要領』の目標を達成することが望ましい」という意味であるなら、そのための具体的な指導、評価についても国民に明確に示すべきであろう。

　中学校の3年間で英語の授業は420時間ある。4技能はそれぞれ5項目に分かれているので、計20種類の言語活動を通して、次の4つの目標を達成しなければならない。

> (1)　初歩的な英語を聞いて話し手の意向などを理解できるようにする。
> (2)　初歩的な英語を用いて自分の考えなどを話すことができるようにする。
> (3)　英語を読むことに慣れ親しみ、初歩的な英語を読んで書き手の意向などを理解できるようにする。
> (4)　英語で書くことに慣れ親しみ、初歩的な英語を用いて自分の考えなどを書くことができるようにする。

従来の『学習指導要領』にあった「慣れ親しみ」という文言が目標(1)，(2)からなくなっているのは，「聞くこと」及び「話すこと」について慣れ親しむことは，小学校における外国語活動において行われていることを踏まえたものである。『学習指導要領解説』では上記のように解説されている。しかし，教員にとって必要なことは，例えば「初歩的な英語」というのは，言語の使用場面の例にある「あいさつ」の場合であれば，どのような英語を指すのかを例示できることである。次の例文はどこまでが「初歩的」な例であろうか。

① Hello!
② How are you?
③ I'm fine, thank you.
④ Nice to meet you.
⑤ Hello, I'm fine. How are you?

　①～③までは，日々の授業でもよく耳にする表現なので多くの教員が「初歩的」と考えるであろうが，④，⑤はどうだろうか。意見が分かれるかもしれない。④は平易な慣用表現と考えて初歩的な例に含める人もいるかもしれないし，不定詞が使われているので初歩的な例に含めない人もいるかもしれない。⑤については，①～③を全部使ったような例であるが，発話が長いからという理由で「初歩的な」例に含めないかもしれないし，①～⑤をすべて「初歩的」とみなす人もいるかもしれない。

　上記のような例を出したのは，『学習指導要領』の内容をきちんと理解し，それを授業に生かすことができなければ，目標を達成することができないし，期待する英語力の評価もできなくなるからである。日本語で書かれた『学習指導要領』の内容をわかったつもりでいても，教えるのは英語であるから，該当する英語表現を言語活動の形で活用しないならば，英語を教えたことにはならない。そこで，全国の拠点校で作成され，文部科学省がその手引きを発行したCAN-DOリストを検討してみよう。

◆引用・参考文献◆
文部科学省 (2008)『中学校学習指導要領解説　外国語編』開隆堂出版

5-2 CAN-DO リストについて

1. 目標の明確化と CAN-DO リスト

　文部科学省は，各中・高等学校の外国語教育における「CAN-DO リスト」の形での学習到達目標を各学校に設定させることを通達した。その趣旨・目的は次のようになっている。

　「英語をはじめとした外国語は，グローバル社会を生きる我が国の子どもたちの可能性を大きく広げる上で重要なものであるとともに，日本の国際競争力を高めていく上での重要な要素となっている。2010年6月に「外国語能力の向上に関する検討会」がとりまとめた「国際共通語としての英語力向上のための5つの提言と具体的施策」においては，以下の通り，『学習指導要領』に基づき，各中・高等学校が生徒に求められる英語力を達成するための目標（学習到達目標）を「言語を用いて何ができるか」という観点から，「CAN-DO リスト」の形で具体的に設定することについて提言がなされたことによる（文部科学省，2013）。

　文部科学省はそのための手引きを作成し，2013年の新学期から使用されている。各学校が「CAN-DO リスト」の形で学習到達目標を設定する目的は，次の3つである。

- 第1に，『学習指導要領』に基づき，外国語科の観点別学習状況の評価における「外国語表現の能力」と「外国語理解の能力」について，生徒が身につける能力を各学校が明確化し，主に教員が生徒の指導と評価の改善に活用すること。
- 第2に，『学習指導要領』を踏まえた，「聞くこと」，「話すこと」，「読むこと」及び「書くこと」の4技能を総合的に育成し，外国語によるコミュニケーション能力，相手の文化的，社会的背景を踏まえた上での自らの考えを適切に伝える能力，並びに思考力・判断力・表現力を養う指導につなげること。
- 第3に，生涯学習の観点から，教員が生徒と目標を共有することにより，言語習得に必要な自律的学習者として主体的に学習する態度・姿勢を身につけること。

第5章　中学校卒業時に期待される英語学力について

　以上が文部科学省の説明である。ここまでの文章に CEFR というアクロニム (acronym) は出ていないが，日本の CAN-DO リストは CEFR (Common European Framework of Reference for Languages, 欧州言語参照枠) の理念と枠組みに基づくものである。CEFR は，1996 年に EU の関係機関に草稿が配布され，2001 年に英語及び仏語で出版されてから，外国語教育のカリキュラム，外国語能力の評価並びにその指導と学習に関する議論において引用されることが多くなったが，当初は 6 段階のレベル（いわゆるグローバル・レベル）と自己評価グリッドの要約が大半で，細部に関する議論は専門家間に限られていた。しかし，その後，ヨーロッパでは The European Language Portfolio が開発され，米国では No Child Left Behind (NCLB) の政策が実施されるようになり，CEFR が教育現場に広まっていった。

2. CAN-DO リスト作成の手順

　リストの作成については，『各中・高等学校の外国語教育における「CAN-DO リスト」の形での学習到達目標設定のための手引き』（以下『手引き』）が，2013 年 3 月中に各学校に配布された。しかし，実際は，全国の拠点校を中心に作業はすでに始まっており，県内の全高校が作成済みという県もある。それ以外の学校は上記の『手引き』に基づき，一から CAN-DO リストを作ることになる。

　国としての基準（National Standards）がないと，各学校の CAN-DO リストにはさまざまな違いが出てくる可能性がある。上記の『手引き』が全国に行き渡ると，形式などにはある程度のまとまりが出てくるであろうが，能力記述文（CAN-DO Descriptors）では，地区や学校の特色によって内容や数に違いが出てくるのは避けがたいであろう。現場の実態に合わせたのであるから，違いが出てくるのは当然であるし，その方がよいという意見もあるだろう。しかし，本当にその方がよいのか。国としての基準は必要ないのか。国としての学習到達目標を「CAN-DO」の形で設定することは，すでに検討段階に入っている。

　我が国には『学習指導要領』があるし観点別評価の規準もあるが，CAN-DO リストの形での学習到達目標は，「外国語表現の能力」と「外国語理解の能力」を対象にして設定されるものである（『手引き』p.11）。

　その評価は CAN-DO リストの内容と関連する『学習指導要領』や観点

別評価と重なる部分もあるが，行動中心 (action-oriented) の能力記述文という性格上，評価の時期や方法が従来とは異なる面もあるだろう。

　CAN-DO リストには，本書の p.190 に記したように，3つの目的があり，その実現が期待されるところであるが，各学校が作成する CAN-DO リストは日本語で書くことになっている。しかし，実際の授業では，その CAN-DO リストに該当する言語活動によって英文例が必要になることを忘れてはならない。また，日本語で記述されるということは，「初歩的な英語のあいさつを交わすことができる」という CAN-DO 記述文にした場合，前節 (5-1) で述べたあいさつ文の①～⑤のうち，少なくとも①～③と④，⑤の間にあった英文の難易度は，日本語の表現からはわからなくなる。また，『学習指導要領』の言語材料には，文，文構造，代名詞，動詞の時制など，いろいろな文法事項があり，言語活動においては，目標を達成するのにふさわしいものを適宜用いて行うことになっているので，日本語の記述文だけであれば，それに該当する英文例を複数作れる場合，「現在完了形を使って」とか「過去形を使って」などと文法用語を使うか，それにふさわしい場面の説明をしないと，教員の意図した活動にならない場合もあるだろう。

3．CAN-DO リストに入れるべき内容

　文部科学省が現在進めている CAN-DO リストは，前述のように「外国語理解の能力」と「外国語表現の能力」が 2 本の柱になるが，その「柱」の中味は『学習指導要領』はもちろん，使用している教科書，各学校の生徒の進路，指導教員の考え方なども影響を与えるであろう。その結果，学校によって異なる項目が入ってくる可能性がある。CAN-DO リストにおける国としての基準がやはり必要である。それは平成 25 年度に予定されている (2013 年 2 月 20 日現在) ので，ボタンのかけ違いにならないことを願う。そして，できれば中学校・高等学校だけでなく，大学も視野に入れた CAN-DO リストの枠組みを検討してもらいたい。

　中学校・高等学校では，基本的なものとして下記のような構成が考えられる。

(1) 英語能力規準：次の 2 つの分野 (①，②) で，どの程度の英語力を目指すのか。
　① 学校における社会的教育的目的のために英語で相互伝達ができる。

第5章　中学校卒業時に期待される英語学力について

　　学校は一種のミニ・コミュニティ（小社会）であるから，登校から下校までの間にいろいろな情報，意見，感情の交換がある。このような人間社会の基本的なコミュニケーションに関するものとして，英語の授業に入る前に，あいさつ，欠席者の確認，体調の確認，教育機器や宿題の確認などを英語で行うことが想定される。そのためには，基本的な「教室英語」や日常会話の英語力が必須である。

② 外国語科（英語科）における知識・技能習得のために必要な情報，思考，概念について相互伝達ができる。

　　英語という科目では，教科書の内容を踏まえた種々の活動が行われる。前回の授業で導入したことの復習，新教材の導入，既習の言語材料の復習と確認（本時の授業との関連）のような指導過程に関連するものから，本文の内容や言語材料に関するものまで英語での質疑応答が入ってくる。これをいかに充実させるかで，生徒のコミュニケーション能力も違ってくる。

(2) 言語活動の4領域（4技能）
　Listening：話し言葉のいろいろな場面で，情報を処理し，理解し，解釈し，評価する。
　Speaking ：目的や聴衆に合わせたさまざまな場面で，一般的な音声コミュニケーションに従事する。
　Reading　：書き言葉，記号，テキストを素早く情報を処理しながら，解釈し，評価できる。
　Writing　：一連の目的や読者に合わせて，書き言葉のいろいろな書類を通してコミュニケーションができる。

◆アメリカ合衆国では，上記(1)，(2)の領域に加えて，数学，理科，社会の科目で必要な英語力に関する記述がある。日本の場合，いまだ，そのような記述はない。そのため，文科系，理科系のいずれかに進学する生徒も同じようなカリキュラムで英語を学ぶことになる。『高等学校学習指導要領』の「英語編」で学ぶ生徒は，より英語に特化したカリキュラムになるが，他教科を視野に入れた英語カリキュラムは皆無である。

　　上記のようなカリキュラムで英語を学んだ生徒が大学に進むのであるから，英語で書かれた専門書を読める学生の数は微々たるものである。大学に入ってから専攻課程で必要な英語を教えようとしても，入学後の

1, 2年次で必要な時間数を確保するのは困難である。それどころか, 英語検定試験3級を落ちてくるような大学生を多数抱えて, リメディアル教育を実施している大学も少なくない。このような実情を考えると, 中学, 高校の英語教育のあり方を, 大学までを視野に入れて, その内容とコース別連携を検討する必要がある。

(3) 英語能力レベル：何段階にするか(Entering, Beginning, Developing など)
　この枠組みで, 国や州のような大きな行政単位であれば, 「規準」となるようなものを作成することがまず必要で, 4言語領域を表計算ソフトの左欄に入れるとすれば, 行の欄には各領域に該当するレベルの英語力記述文の見本を示すことになる。さらに, レベルごとに「何のために行うのか」という言語行動の働き・目的(function)と, 「どんな内容であるか」あるいは「どんな場面であるか」の2要素は必ず含むようにし, できれば生徒の活動の助けとなるような絵, 写真, 表, グラフなどのサポートがついていることが望ましい。英語力が十分でない場合, そのような視覚情報があれば言語活動の一助になるからである。

4. CAN-DO リストと評価

CAN-DO 記述文は, 本来, CEFR のコミュニケーション能力を, 言語能力(Linguistic Competences)＜6 competences＞, 社会言語能力(Sociolinguistic Competences), 語用能力(Pragmatic Competences)＜2 competences＞の3種に大別し, それぞれの構成要素を6段階(A1, A2; B1, B2; C1, C2)に分けて, 各段階に CAN-DO 記述文を配したのが始まりである。その6段階の能力が本当に運用できる状態になっているかは, ALTE (Association of Language Testers in Europe, 欧州語学力評価機構)が開発したテストで判定されるようになっている。ALTE は次のような目的に役立てるために使用者中心に開発したテストである (COE 2001)。

① 言語の教授及び評価に関わっている人々への有用なツール(道具)として
② 診断テスト及び活動中心カリキュラム・教材開発への基礎資料として

第5章　中学校卒業時に期待される英語学力について

③　活動中心言語能力の審査並びに語学訓練及び語学人材補強に役立つ手段として
④　語学コース及び教材の目的を，言語が違っても同じコンテキストで比較する手段として

　ここで本書の読者に考えてもらいたいのは，評価には形成的評価と総括的評価があることである。ある能力が形成されたか否かを判定するには，一定の学習期間が必要であり，今日導入したことを，生徒が次回の授業の復習の段階でもできたから「形成された」と判定するわけにはいかないだろう。しかし，授業は，そのような地味な確認を小刻みにやって適宜復習させないと，能力として定着しない。一方，『学習指導要領』に記載されているような目標の確認には，短くても学期単位の時間が必要であり，学年単位の学習期間が前提になる目標もあるだろう。「目標の到達度」をまとめて測るには，年度末あるいは学習コースの終了後になるというケースもあるだろう。

　以上のような評価の特徴を考えれば，CAN-DOリストで生徒が自分の学習到達度を継続的に振り返えさせることが必要であり，そのような学習者による省察を継続させる習慣が身につけば，生徒がやがて社会人になってからも，生涯学習として生かせることにつながるであろう。

◆引用・参考文献◆

文部科学省（2008）『中学校学習指導要領解説　外国語編』開隆堂出版
文部科学省（2013）『各中・高等学校の外国語教育における「CAN-DOリスト」の形での学習到達目標設定のための手引き』
Hasselgreen Angela. (2003). *Bergen 'Can Do' project.* European Centre for Modern Languages.
Council of Europe. (2001). *Common European Framework of Reference for Languages: Learning, teaching, assessment.* Cambridge University Press.
The European Language Portfolio: a guide for teachers and teacher trainers. Little, D.　Perclova, R. retrieved February 22, 2013 from http://www.coe.int/t/dg4/education/elp/elp-reg/Source/Publications/ELPguide_teacherstrainers_EN.pdf
WIDA Consortium. (2009). *The English Language Learner CAN DO Booklet.* 2009 Board of Regents of the University of Wisconsin System, on behalf of the WIDA Consortium.

5-3 目標に達していない生徒たちを救うために
　　──Reading Recovery

　「リテラシー」は，文明の発達により，近年，その内容が多様になったが，ここでは本来の意味に近い「読み書き能力」の意味で使っている。クラスという学校のミニ・コミュニティにおいては，クラス全体をよい意味で押し上げる集団と逆に押し下げる集団とが共存するので，下げる下位集団を少しでも押し上げることがクラス内の交流 (Interaction) を盛んにし，クラス全体の底上げに資することになる。

　学習の到達度に影響する要素にはいろいろなものがある。目標内容，難易度，指導者，学習者，学習時間などである。目標内容と学習者ニーズが乖離していると目標到達は難しい。特に下位層の場合は，自分たちには縁のないものだという冷めた雰囲気になる。

　我が国の英語教育は実質上，公立小学校では5年生から始まっているが，今後，開始学年をさらに下げることもありうるだろう。英語学習開始がさらに低年齢化すると，英語圏の子どもたちに見られる読み書き不振児が，日本の子どもたちにも増えてくる可能性がある。そのような事態に対応するためには，どのような体制が必要かを前もって考えておく必要がある。

1. どこで落ちこぼれるか

　「落ちこぼれる」は結果を示す表現であって，その要因が学習者にのみ存在するわけではない。教員が意識する・しないにかかわらず，教員のほうにより多くの責任がある場合も想定される。例えば，授業中の発問に対する生徒の答え方に十分な注意を払っていなかったために，生徒の出す SOS (危険信号) に気づかなかったり，定期試験の問題構成が十分でなかったり，特定の内容に偏っていたために SOS が現れにくかった場合や，特定の活動 (タスク，コミュニケーションなど) で教員の注意が内容面に向けられている間 (それ自体は悪いことではない)，言語習得に大きな影響を与えるグローバル・エラーに十分な配慮ができなかった場合などである。

2. リテラシーの回復

　Reading Recovery (以下，リーディング・リカバリーと仮名表記にする

かRRと略す）を定義的に言えば，読み書きにおいて遅れ出した小学校低学年の下位層約20％に対して，教員が児童と1対1で授業を行い，読み書き能力をクラスの平均レベルまで回復させる教育である。1回20～30分の授業を30～50時間実施することになっている。

　母語がアルファベットという表音文字で教育を受ける児童・生徒は，読み書き能力以外は平均以上の能力を持っているが，読み書き能力だけが落ちこぼれてしまうことがある。軽度の難読症（dyslexia）である。印刷技術の普及で語のつづりは固定したが，発音は時代とともに変化してきていることもその背景にあるだろう。漢字仮名混じり文で育った日本の子どもたちが最初に遭遇する外国語は，ほとんどの場合，英語である。日常生活で英語がふんだんに耳に入る英語圏の児童にとって難しいことは，漢字仮名混じり文で育った日本の子どもたちが英語を学ぶ場合は，それよりはるかに難しい。小学校5，6年生から中学校3年間にかけて，英語における読み書きの基本を十分注意しながら指導する必要がある。その意味でこれから紹介するReading Recoveryの理念や指導法は，いろいろな点で示唆に富む。

3. Reading Recoveryの指導体制

　Reading Recoveryに関係する教職員は，次のような構成になっている。

> ・Reading Recovery Teachers：RR履修を必要とする児童を直接指導する（大学院修士相当の資格を有する）。
> ・Reading Recovery Teacher Leaders（国によってはtutorsとも言う）：リーディング・リカバリー担当教員の地区にいて，リーディング・リカバリーの導入から定期的研修を含め，指導全般にわたってRR担当教員を指導したり相談相手となる。
> ・Reading Recovery Trainers：教員養成機関にあって，リーディング・リカバリーを担当する教員の養成や研修を担当する。

　このような体制を日本に今すぐ作ることは難しいが，退職したベテラン教員を活用することによって，遅れた児童・生徒の読み書き能力を回復させることは不可能ではない。近年，定年退職年齢に達しても，まだまだ元気な教員が多い。彼らの長年にわたる経験と知識を活用することは大いに検討に値する。

4. なぜ早期に治療するか

　早期発見・早期治療は癌治療の基本方針であるが，リテラシー教育の成功にも不可欠である。そういう意味で，Reading Recovery は将来への保険である。現に英国でシュミレーションした調査研究によると，政府が RR Program 予算を廃止すると，RR を受講できなくなった児童が成人になる頃，国民は RR Program 予算の 11～17 倍の税金を新たに納めることになる。なぜなら，読み書き能力を回復する機会を与えられなかった児童は，その後の成長過程で受けるさまざまな教育を十分に理解できないまま成人になるため，卒業試験，資格試験，就職試験で失敗するケースが多く，それが遠因となって病気や失職の辛酸をなめることになり，健康保険，生活保護等で税金を使うことになるからである。

　読み書き能力を遅れたままにしておくと，学校教育での練習量，動機づけの減少を招き，その後の勉学に困難をきたすことになる。小学校1年生の年度末におけるリテラシーの回復度から，学校での課題だけでなく，人生経験における成否をも，驚くほど正確に予想できるという報告がある（WWC, 2008）。

　日本の英語教育でも，小学校，中学校，高等学校の各段階において，勉強の遅れ出した児童・生徒への対策が緊急の課題である。大学の段階で英語のリメディアル教育を行ってもあまり効果は期待できない。Reading Recovery を日本の英語教育に応用して，手遅れにならないうちに平均レベルまで回復させる方法を検討すべきであろう。読み書き能力で遅れ始めた児童・生徒の力をどの程度回復させることができるかについては，RR 実施国で毎年出しているレポートを見るだけでも，ある程度推測できる。米国教育省の Institute of Education Sciences にある What Works Clearinghouse™（WWC：日本の国立教育政策研究所にあたる）は，教育のいろいろな科目・領域に関して分析・評価し，その結果を報告しており，Reading Recovery の効果についても，WWC Intervention Report を出している。その最新版（July 2013）に基づき，Reading Recovery の主な効果を要約して述べる。

　このレポートは関連するトピックの研究論文を上記機関の厳密な規準に基づいて収集し，それらの論文をさらに厳密な分析を行って6段階（6: Positive effects ～ 1: No discernible effects）に分けた中から，positive effects があると認められた論文3編に基づいて，どんな事項に効果があっ

たのかを見てみよう。
- 文字・音素の気づき：positive effect があるもの 2 編
- 音読能力：positive effect があるもの 1 編
- 読解力：positive effect があるもの 1 編，intermediate effect のあるもの 1 編
- 一般的読解到達度：positive effect のあるもの 3 編

◆引用・参考文献◆

Institute of Education Sciences. (2008). 'Effectiveness' *What Works Clearinghouse*. Updated July 2013.

Clay, M. M. (2001). *Change Over Time in Children's Literacy Development*. Portsmouth: Heinemann.

Clay, M. M. (2010). *Literacy Lessons Designed for Individuals. Part One: Why? What? And How?* Birkenhead, Auckland: Pearson.

Clay, M. M. (2010). *Literacy Lessons Designed for Individuals. Part Two: Teaching Procedures*. Birkenhead, Auckland: Pearson.

エピローグ
～英語教育の小中連携に関する今後の課題と展望～

　外国語活動が導入されてから3年目になる。2014年度（平成26年度）は，外国語活動を初めて経験した生徒が中学校3年生となり，2年生と1年生は2年間外国語活動で英語を学んできた生徒である。このことを考えると，来年度からは特に，英語教育の小中連携を一層進めていかなければならない。

　本著では，外国語活動の目指す方向，外国語活動に対する小学校教員の意識，新入生の英語力に対する中学校教員の評価，などを検討した。その上で，中学校英語教育を改善するための指導法と外国語活動との望ましい接続のあり方について，多様な観点から具体的な方法を提示した。

　ただ，本著で提案した指導法等については，現実の教育条件の範囲内で可能な方策を模索したものであり，英語教育をさらに改善するためには，我が国の教育条件の改善についても考えていかなければばらない。

　本著を締めくくるに当たって，我が国の英語教育の改善のために取り組まなければならないさまざまな課題を展望したいと思う。

1. 外国語活動に関わる課題
（1）教員の英語指導力アップについて
　「教育は人なり」に凝縮されている意味は極めて重いものと受け止めなければならない。外国語教育についても例外ではない。英語を使うことがままならず，教える自信のない者が，子どもたちの前に立って，積極的に英語を使ってコミュニケーションを図ることの必要性を説くことは難しい。文部科学省は，およそ97％の小学校が「何らかの形で英語を教えている」という実態を背景として，小学校高学年への英語導入を決定した。しかし，英語を教える「人材の育成」を全く怠ってきた，と言える。その結果，教育現場に深刻な問題を引き起こしているのではないかと思う。まず，外国語活動を担

当している教員の多くが，英語を使う力がない，という問題がある。筆者が実施した調査によると，英語の教員免許を有する小学校教員の割合は，平均 5 ～ 10％に過ぎず，そのような教員構成で，これから英語学習に踏み出そうとする子どもたちのために，英語によるコミュニケーション能力の「素地」を築くことができるのだろうか。将来の英語学習が健全に進められるための土台となる「素地」をしっかり築いてやる教員には，高度な教育力，なかんずく英語の力が求められているのである。外国語活動担当者を対象としたアンケート調査によると，「外国語活動は英語のできる者が担当するような仕組みに変えてほしい」という要望が第 1 位を占めていた。

　英語に自信のない教員が担当させられている結果，「ALT におまかせ」の授業になったり，ALT を多数採用している市町村とそうでない市町村があり，教育上の不平等が公然と広まっている。

　この点については，1997 年から小学校 3 年生以上の学年に英語教育を教科として導入している韓国の歴史に学ぶことが多い。韓国では，小学校に英語教育を導入するに当たって，教える教員の質を重視し，英語指導力と，指導方法・教材作成にそれぞれ 60 時間，合計 120 時間の研修を受けた者だけが指導に当たることができる，とした。しかし，120 時間程度の研修では期待通りの指導ができないことに気づき，現在（少なくともソウルでは），TOEIC の成績が 900 点程度でないと小学校の英語指導者として採用されないと言われている。

　英語教育における韓国の歴史と我が国の現場の教員の悲痛な叫びから，我が国の政府は，英語教育の進むべき道を正しく選択しなければならない。ALT の力を的確に活用しながら主体的に授業を進めることのできる教員が，英語教育の素地を築く仕事に打ち込める教育システムの構築を，声を大にして叫びたいと思う。

(2) 外国語活動の教科化と教員養成制度の樹立
　カリキュラム上，外国語活動は「教科」とされなければならない。「教科」化という方向が選択されれば，必然的に教員養成のあり方が問われることになる。また，教育の中身も，外国語活動という考え方を脱して，中学校と一体化し，一貫性のある体系的な英語教育の

中に位置づけられることになるであろう。現状では，外国語活動の目標が決められているものの，「達成すべき英語力」という意味では，客観的な尺度が決まっていない。検定教科書がなく，どのような教材を使ってもよいことになっている。*Hi, friends!* の利用の仕方は地域や学校によってまちまちである。複数の小学校から生徒を受け入れている中学校が多いことを考えると，英語教育の小中の連携の必然的な難しさが明確である。*Hi, friends!* の教材としての質についても満足とは言い難い。無償であるという理由だけで使用している，という学校が多数を占めているのであろう。「教科」化が実現すれば，競争の原理から，一層優れた教材が生まれることは間違いない。

　以上述べた通り，「教科」化が望ましい，という考え方が大きな叫びとなれば，教員養成制度が改められ，教員の多様な研修も期待できる。また，小中の英語教育のカリキュラムの体系化についても研究が進み，検定教科書を目指して教材の質も向上するであろう。政府の教育再生実行会議は，2013年（平成25年）5月15日に「小学校高学年で英語を正式教科とする」素案を発表した。何年生から導入し，授業時数をどうするか，など課題もあげている。

　韓国では，2010年から3，4年生が週2時間，5，6年生は，2011年から週3時間に，それぞれ1時間ずつ授業時数が増えた。この程度の授業を実施しないと，中学校の英語に接続できない，というのが主たる理由のようである。小学校で築いた「素地」に合わせて中学校での英語教育が始まる我が国の考え方とは大きな違いである。

　政府には，「教科」化とそれに伴うさまざまな条件を速やかに改善してほしいと強く訴えたい。

2. 中学校サイドの課題

　この課題については，本著を通じて多面的に述べてきた。最も大きな課題は，英語教員の英語使用能力の向上である。このことに関連して，最後にコメントしたいと思う。

　小学校の卒業時に子どもたちは，「中学校に行くと，専門の先生が英語を教えているので，たくさんの英語を聞くことができるよ」と先生から聞かされ，期待に胸を膨らませて中学校に入学してくる。

しかし，中学校では，文法の説明やコミュニケーション上意味の薄い反復練習に多くの時間を占める授業が多く，多くの生徒が失望してしまっている。
　ALT との T-T についても，外国語活動とは対照的な状況が多く報告されている。外国語活動では，HRT が ALT に頼り過ぎ，ALT が一方的に授業を進めている場合が多いようだが，中学校では，ALT が相変わらず，テープレコーダー代わりに使われ，JTE が授業の大部分を日本語で説明しているという場合が多いようである。真の意味で T-T の効果を生み出せるよう，JTE は英語の使用力を高め，文法中心の授業から，意味のあるコミュニケーションが豊かに展開される授業へと脱皮する必要がある。そのために教員はどうしたらよいのだろうか。それは，授業の中で教員自身が communicative に英語を使って見せることである。①授業開始の段階で，"I'm sleepy." と答えた生徒には，"What time did you go to bed?" とか "How long did you sleep?" や "What did you do before going to bed?" などと聞いたり，"Class, raise your hands if you went to bed after twelve o'clock." などとクラス全員に反応させるのもよいだろう。"How is the weather?" "It's fine." などと機械的なやり取りで終始せずに，"What will be the weather late this afternoon? I promised my wife to go shopping after school. So I hope it will be fine weather." といった意味のあるやり取りを常に行うようにしなければならない。
　また，②教科書で扱う話題や題材について，本文を扱うだけでなく，本文の内容に関連した興味深い情報や教員の考えなどを，英語でわかりやすく話すことを習慣化することも必要である。例えば，"Global Warming" が話題になっている lesson では，"Let me tell you a very sad story of white bears in the North Pole. Since a lot of ice there has been disappearing, white bears are losing their living places. Global warming makes it difficult for white bears to live." などと，わかりやすい話し方を工夫して話題を提供し，生き生きとした授業にしてほしい。また，ALT にも，同様の指導のあり方を学ばせ，communicative teaching の assist を大きな役割とさせたいものである。ALT と JTE とは，終

始一体として授業を進めなければならない。

　中学校英語検定教科書 *New Crown*（三省堂，2012）では，sentence by sentence に日本語訳をさせるような指導のパターンから脱するために，lesson ごとに Reading のコーナー（USE Read）を設置している。一定の長さの英文を読んで大切なメッセージを読み取らせたり，原因と結果の繋がりを指摘させたり，内容についてコメントさせたりすることによって，「英語で考え，判断し，自分の意見を決定できる生徒」の育成を目指している。新しい英語教育の幕開けに際して，教員は，自らの英語使用能力を鍛え，真に英語が使える生徒の育成を可能にする指導力を開拓していかなければならない。

　中学校英語では，2012年度（平成24年度）から授業時数が増え，週4時間になった。授業時数が増えたことは大歓迎であるが，そのことが英語力のアップに繋がっているかどうかは即断できない。これまで，中学校の英語教育については，実践的なコミュニケーションの練習の場面を増やすことが強く求められていた。しかし，授業時数が週3時間から4時間に増えたため，単語が900語から1,200語に増えるなど，授業時数が増えた分，言語材料が増えてしまっている。言語材料を増やすことを抑え，言語活動を増やす考え方を取っている韓国の英語教育方法にも学びたいものである。中学校の英語教育の質を高めるためには，今後，英語教育に対する教員のアプローチを抜本的に変えることと同時に，教科書のあり方についても研究する必要がある。小学校における英語教育との有効な連携を考えるとともに，中学校の英語教育改善に向かって日々努力したいものである。そのための一助として，本著を役立てていただければ，著者としてこれに勝る喜びはない。

2013年8月
著者代表 渡邉時夫

［執筆分担］

渡邉時夫
　　第2章　2-1
　　第3章　3-1, 3-2, 3-3, 3-6
　　第4章　4-2, 4-5, 4-8

髙梨庸雄
　　第1章　1-1
　　第2章　2-2
　　第4章　4-3, 4-4, 4-7
　　第5章　5-1, 5-2, 5-3

齋藤榮二
　　第3章　3-7

酒井英樹
　　第1章　1-2
　　第3章　3-4, 3-5
　　第4章　4-1, 4-6

プロフィール

■ 渡邉 時夫(わたなべ ときお)

　信州大学名誉教授。ハワイ大学大学院修士課程修了。中学校，高等学校教諭，信州大学教授，同大附属小・中及び養護学校長を歴任。退官後，清泉女学院大学教授(人間学部 学部長)。学長代理，特任・客員教授を経て 2013 年 3 月退職。2013 年 7 月より小諸市教育委員会指導主事(英語教育担当)。全国英語教育学会・小学校英語教育学会・日英英語教育学会・中部地区英語教育学会各顧問。著書に，中学校英語検定教科書 *New Crown English Series*(共著，三省堂)，『創造力に取り組む英語教育』(桐原書店)，『英語が使える日本人の育成　MERRIER Approach のすすめ』(編著，三省堂)など。

■ 髙梨 庸雄(たかなし つねお)

　弘前大学名誉教授。ハワイ大学大学院修士課程修了。高等学校教諭，青森県教育センター指導主事，弘前大学教授を経て現職。全国英語教育学会・小学校英語教育学会・日英英語教育学会各顧問。著書に，『英語リーディング指導の基礎』(共著)，『英語コミュニケーションの指導』(共著)，『英語リーディング事典』(共編)，『教室英語活用事典』(共編)(以上，研究社)，『新・英語教育学概論』(共著)，『英語の「授業力」を高めるために』(編)，『小学校英語で身につくコミュニケーション能力』(共著)，中学校英語検定教科書 *New Crown English Series*(共著)(以上，三省堂)など。

■ 齋藤 榮二(さいとう えいじ)

　京都外国語大学特任教授。京都教育大学名誉教授。ハワイ大学大学院修士課程修了，小学校，中学校，高等学校教諭，福島県教育センター，桜の聖母短期大学，京都教育大学，平安女学院大学，関西大学を経て現職。小学校英語教育学会顧問。著書に，中学校英語検定教科書 *New Crown English Series*(共著，三省堂)，高等学校英語検定教科書 *Ocean English Course*(共著，啓林館)，『生徒の間違いを減らす英語指導法──インテイク・リーディングのすすめ』(三省堂)，『英語授業レベルアップの基礎』(大修館書店)など。

■ 酒井 英樹(さかい ひでき)

　信州大学教育学部教授。信州大学大学院教育学研究科修士課程(英語教育)修了。中学校教諭，上越教育大学を経て現職。小学校英語教育学会理事，中部地区英語教育学会運営委員・運営委員長(平成 23，24 年)，日本児童英語教育学会紀要編集委員長(平成 23～25 年)・理事，全国語学教育学会 JALT Journal Editorial Board，日英・英語教育学会運営委員・紀要編集委員長。著書に，中学校英語検定教科書 *New Crown English Series*(共著，三省堂)，『英語が使える日本人の育成──MERRIER Approach のすすめ』(編著，三省堂)など。

小中連携を意識した中学校英語の改善
2013 年 11 月 1 日　　第 1 刷発行

著　者	渡邉時夫・髙梨庸雄・齋藤榮二・酒井英樹
発行者	株式会社三省堂　代表者　北口克彦
印刷者	三省堂印刷株式会社
発行所	株式会社三省堂

　　　　〒101-8371　東京都千代田区三崎町二丁目 22 番 14 号
　　　　電話　編集　03-3230-9411
　　　　　　　営業　03-3230-9412
　　　　振替口座　00160-5-54300
　　　　http://www.sanseido.co.jp/

© Watanabe Tokio, Takanashi Tsuneo, Saito Eiji, Sakai Hideki 2013　　Printed in Japan
ISBN978-4-385-36280-9　　　　　　　　　　　　　　　〈中学校英語の改善・208pp.〉
落丁本・乱丁本はお取り替えいたします。

Ⓡ 本書を無断で複写複製することは，著作権法上での例外を除き，禁じられています。本書をコピーされる場合は，事前に日本複製権センター (03-3401-2382) の許諾を受けてください。また，本書を請負業者等の第三者に依頼してスキャン等によってデジタル化することは，たとえ個人や家庭内での利用であっても一切認められておりません。